KB204070

인성 쑥쑥 한자 쑥쑥

초등 사자소학

인성 쑥쑥 한자 쑥쑥

초등 사자소학

송재환 글 | 인호빵 그림

위즈덤하우스

프롤로그

『사자소학』은 조선 시대 아이들이 서당에서 『천자문』과 같이 맨 처음에 배우던 책입니다. 일고 여덟 살을 전후한 아이들이 서당에 입학했으니 지금으로 치면 초등학교 저학년 아이들이 주로 읽은 셈이지요. 쉬운 한자들로 쓰여 있는 데다가 네 글자가 한 구절을 이루는 사자일구四字一句 형식으로 운율이 있어서 소리 내어 읽기에도 좋았습니다. 그 내용도 대부분 실생활과 깊이 관련되어 있기 때문에 아이들의 생활 교본으로 최고였지요.

『사자소학』은 부모님, 형제자매, 친구, 스승과 어른을 대할 때 어떻게 행동해야 옳고 그른지를 분명하게 알려줍니다. 아이들이 잘못된 행동을 하는 것은 많은 경우에 어떤 행동이 바른 것인지, 예의에 벗어나지 않는 것인지 잘 모르기 때문입니다. 사회의 구성원으로 다른 사람들과 더불어 살아가기 위해 사람으로서 마땅히 알고 익혀야 할 기본 도덕이 『사자소학』에 모두 담겨 있습니다. 게다가 자기 자신을 바르게 다스려서 착한 마음으로 바르게 생활하는 방법까지 알려 줍니다. 모든 일의 출발은 바로 '나 자신'이기 때문이지요.

『사자소학』을 요즘 시대와 맞지 않는 구닥다리 책이라고 오해하곤 하는데 절대 그렇지 않습니다. 사람이라면 본질적으로 갖춰야 할 도리는 예나 지금이나 변하지 않았습니다. 그 보편적인 도리를 아주 구체적인 생활 규범으로 제시하는 『사자소학』만큼 초등학생이 읽기에 딱 좋은 동양 고전은 또 없을 것입니다.

그래도 『사자소학』이 자칫 고리타분하게 느껴질까 봐 걱정스러워서 매 구절마다 재미있는 만화를 실었습니다. 이 지면을 빌려 만화 작가님에게 고마운 마음을 전합니다. 무엇보다 제가 집필할 때마다 놀라운 지혜를 부어 주시는 아름다우신 하나님께 감사를 올립니다.

2021년 4월

초등교사작가 송재환

이 책은 어떻게 구성되어 있을까?

이 책은 부모 편, 형제 편, 붕우 편, 사제·경장 편, 수신·제가 편으로 크게 5장 50구절을 담고 있습니다. 부모 편과 수신·제가 편이 각각 14구절과 15구절로 가장 많습니다. 이 내용들이 초등학생들과 가장 밀접하게 관련되어 있기 때문입니다. 각 구절은 다음과 같이 다섯 부분(뜻풀이, 따라 읽고 따라 쓰기, 오늘의 퀴즈, 실천하기)으로 이루어집니다.

만화 사자소학

어쩌면 아이는 만화부터 다 읽을지도 모릅니다. 아이가 이런 모습을 보이더라도 만화만 읽지 말라고 닦달하시지 마세요. 만화를 읽다 보면『사자소학』구절에 흥미가 생기고, 한번 흥미가 일어나면 쉽게 학습해 나갈 수 있습니다.

날짜

이 책은 하루에 한 구절씩 약 2개월에 걸쳐『사자소학』을 익히도록 구성되어 있습니다. 각 구절을 배우는 날짜를 적으세요!

위 구절의 뜻을 함께 생각해 볼까요?

'뜻풀이'에 해당하는 부분으로, 그날 배워야 하는 구절의 뜻을 좀 더 쉽고 구체적으로 풀이했습니다. 이 뜻풀이를 읽으면서 그동안 몰랐던 사실을 깨닫게 되기도 할 것입니다.

입으로 소리 내어 읽으면서 손으로 직접 써 보세요!

그날의 구절을 큰 소리로 읽으면서 손으로 직접 써 보는 '따라 읽고 따라 쓰기' 부분입니다. 구절을 소리 내어 읽으면서 한자와 그 뜻을 힘주어 쓰다 보면 가슴에 아로새겨질 것입니다. 정성껏 쓰노라면 흐트러진 글씨체도 바로잡을 수 있습니다. 그대로 따라 쓸 수 있도록 했으니 크게 어렵지 않을 것입니다.

오늘의 퀴즈

매 구절마다 '오늘의 퀴즈' 세 문제가 제공됩니다. 1번은 구절의 뜻을 아는지 확인하는 괄호 넣기 문제입니다. 2번과 3번은 구절 속 한자를 쓰는 문제입니다. 한자를 써 본 경험이 없는 아이도 한두 번 쓰다 보면 가랑비에 옷 젖듯이 한자 실력이 좋아지고 어휘도 늘어날 것입니다. 아이가 많이 어려워한다면 1번 문제만 풀리는 것도 좋은 방법입니다.

다 같이 생각하고 실천해요

『사자소학』을 읽는 목적은 지식이나 좀 늘리고 아는 척이나 하자는 것이 아닙니다. 자신을 갈고닦으며 변화시켜 훌륭한 사람이 되기 위함입니다. 그날 익힌 구절의 가르침대로 아이가 실천할 수 있도록 한두 문제를 제시했습니다. 이 책에서 가장 중요한 부분이므로 부모님이 가장 신경 써서 확인해 주실 필요가 있습니다. 아주 사소한 일이라도 아이가 실천했다면 크게 칭찬해 주세요.

'오늘의 퀴즈' 정답지 활용

이 책에는 별도의 '오늘의 퀴즈' 정답지가 있습니다. 오늘의 퀴즈가 어렵지 않아서 아이 혼자서도 해결할 수 있겠지만, 부모님이 정답지를 가지고 채점하시면서 다른 과제들도 잘 수행했는지 한번 점검해 주세요.

여러 용도로 다르게 쓰이는 한자의 표기

한자 중에는 한 가지로 쓰이지 않고 여러 가지로 쓰이는 한자도 있습니다. 예를 들어 '갈 지之'는 보통은 '가다'라는 뜻으로 쓰이지만, 문장의 중간에서 '어조사 지之'로 쓰여 '~의'를 뜻하기도 합니다. 문장 맨 마지막에 쓰이는 경우에는 '이것 지之'같이 지시대명사로 쓰이기도 합니다. '지之' 자처럼 구절 속 위치나 쓰임에 따라 다르게 쓰이는 한자는 그 뜻을 다르게 표기했으니 참고하시길 바랍니다.

차례

1장

부모父母 편

부모님의 사랑과 효도에 대하여

2장

형제兄弟 **편**

형제자매를 대할 때

3장

붕우朋友 **편**

친구와의 우정에 대하여

4장

사제師弟 **· 경장**敬長 **편**

스승과 어른을 대할 때

5장

수신修身 · 제가齊家 편

자신과 가정을 다스린다는 것

특별부록 1

부모님을 위한 사자소학 가이드

사자소학을 어떻게 가르쳐야 할까?

특별부록 2

학교에서 2학년 아이들을 가르치면서 부모님들을 초대하여 공개수업을 했습니다.

부모님에게 하고 싶은 말을 한마디씩 하는 시간도 가졌어요.

대부분은 “엄마, 사랑해요”, “엄마, 다음부터는 더 잘할게요” 같은 이야기를 했지요.

그런데 어느 남자아이가 이렇게 말한 거예요.

“엄마, 잔소리 좀 그만하세요. 엄마 잔소리는 이제 지긋지긋해요.”

이 말과 동시에 교실은 웃음바다가 되고 말았어요.

그러나 이 말을 들은 엄마는 얼굴이 빨개져서 그 시간이 끝날 때까지 고개를 드시지 못했지요.

부모님은 자신에게 끊임없이 잔소리를 하는 존재라고 생각하는 친구가 많습니다.

하지만 부모님이 여러분에게 잔소리를 하시는 이유는 무엇일까요?

여러분을 사랑해서 그러시는 게 아닐까요?

나와 아무 관계도 없는 동네 아저씨나 아줌마가 여러분에게 잔소리하나요?

잔소리 안 합니다. 동네 아저씨나 아줌마는 여러분을 사랑하기는커녕 여러분에게 관심도 없으니까요.

여러분에 대한 관심과 사랑이 클수록 잔소리도 많아지게 되어 있습니다.

그러니 부모님의 잔소리를 너무 귀찮아 하지 마세요.

부모님은 세상 누구보다 여러분을 사랑하는 유일한 사람입니다.

1장

부모父母 편

부모님의 사랑과 효도에 대하여

01

부생아신 모국오신
父 生 我 身 母 鞠 吾 身

아버지는 내 몸을 낳게 하시고
어머니는 내 몸을 기르신다.

'아버지는 내 몸을
낳게 하시고
어머니는
내 몸을 기르신다'
라는 말이에요!
맞았어~
씨앗이 땅에 떨어지면
싹이 트듯이… 사람은 누구나
부모가 낳아서 정성껏 보살펴야
잘 자랄 수 있다는 뜻이야.
방긋
방긋
콰아아아

20____년____월____일

父	生	我	身	母	鞠	吾	身
아버지 부	날 생	나 아	몸 신	어머니 모	기를 국	나 오	몸 신
아버지는 내 몸을 낳게 하시고				어머니는 내 몸을 기르신다.			

위 구절의 뜻을 함께 생각해 볼까요?

땅에 씨앗이 떨어지면 싹이 트듯이, 사람은 누구나 아버지와 어머니에게서 태어나고 자랍니다. 여러분 중에 태어나서 스스로 자기 기저귀를 갈고 분유도 직접 타 먹은 사람이 있나요? 아기일 때 부모님이 도와주시지 않았다면 우리는 지금까지 살아 있을 수 없을 거예요. 나를 세상에 태어나게 해 주시고 이만큼 키워도 주신 부모님에게 항상 감사해야 하지 않을까요?

다 같이 생각하고 실천해요.

1. 오늘 부모님에게 감사했던 크고 작은 일을 한 가지만 적으세요.

2. 나를 낳아서 길러 주신 부모님에게 감사 인사를 전하세요.

입으로 소리 내어 읽으면서 손으로 직접 써 보세요!

父	生	我	身	母	鞠	吾	身
아버지 **부**	날 **생**	나 **아**	몸 **신**	어머니 **모**	기를 **국**	나 **오**	몸 **신**

	아	버	지	는		내		몸	을
낳	게		하	시	고	,	어	머	니
는		내		몸	을		기	르	신
다	.								

오늘의 퀴즈

1. (　　　　　　)는 내 몸을 낳게 하시고, (　　　　　　)는 내 몸을 기르신다.

2. '나'를 뜻하는 한자가 두 자 있습니다. 한번 써 보세요.

---

3. '부생아신 모국오신'에서 두 번 나오는 한자는 무엇인가요?

02

위인자자 갈불위효

爲人子者 曷不爲孝

사람의 자식 된 자가
어찌 효도를 하지 않겠는가?

'사람의 자식 된 자가
어찌 효도를 하지
않겠는가?'라는 말…
그래~ 사람으로 태어나면
당연히 효도해야 하고,
효도하지 않으면
사람이 아니라 짐승과 같다는 뜻이지!
후우~
어머니…
저는 오늘부터
고라니 할게요~
저는 오리…
나는 토끼!
잭슨!
지금부터 우린
친형제다~
펑
펑
펑
이리 와~~
농담이에요~
엄마~~~!
다다다다다

20____년____월____일

爲	人	子	者	曷	不	爲	孝
할 위	사람 인	아들 자	사람 자	어찌 갈	아니 불	할 위	효도 효
사람의 자식 된 자가				어찌 효도를 하지 않겠는가?			

위 구절의 뜻을 함께 생각해 볼까요?

사람으로 태어났다면 당연히 효도해야 하고, 효도하지 않으면 사람이 아니라 짐승과 같다는 말입니다. 짐승은 젖을 떼면 어미를 떠나고 어미가 늙어도 돌보지 않습니다. 사람이 짐승과 다른 점은 자신을 돌봐 주셨던 부모님을 기쁘게 해 드리고 효도를 하면서 지낸다는 점이 아닐까요?

다 같이 생각하고 실천해요.

어떻게 행동하는 것이 부모님에게 효도하는 것일까요?

입으로 소리 내어 읽으면서 손으로 직접 써 보세요!

爲	人	子	者	曷	不	爲	孝
할 **위**	사람 **인**	아들 **자**	사람 **자**	어찌 **갈**	아니 **불**	할 **위**	효도 **효**

	사	람	의		자	식		된	
자	가		어	찌		효	도	를	
하	지		않	겠	는	가	?		

오늘의 퀴즈

1. 사람의 ( ) 된 자가 어찌 ( )를 하지 않겠는가?

2. '사람'을 뜻하는 한자를 찾아 쓰세요.

3. '위인자자 갈불위효'에서 두 번 나오는 한자는 무엇인가요?

03
부모호아 유이추진
父母呼我 唯而趨進
부모님이 나를 부르시거든 대답하고 얼른 달려가야 한다.
션아~
네! 엄마~
티닥
이것 좀 아빠한테 가져다 드릴래?
아~ 나는 '부모호아 유이추진'을 참 잘한단 말이야!
타다닥
그게 무슨 말인데?
부모님이 나를 부르시거든 대답하고, 얼른 달려가야 한다는 말!
아~ 그렇구나!
네-
네-
네-
네-

션~! 션~~~!
션아~~~!!
안절 부절
끄응…
오빠!
엄마가 부르시는데
왜 빨리 안 가?
엄마가…
덜덜덜
회초리를 들고 계셔서…
ㅠ..ㅠ
션!
빨리 오는 게
좋을 거야~
제 마음은
가고 싶은데
제 발이
못 가겠대요~
덜덜덜덜
크크…

20____년____월____일

父	母	呼	我	唯	而	趨	進
아버지 부	어머니 모	부를 호	나 아	대답할 유	말이을 이	달릴 추	나아갈 진
부모님이 나를 부르시거든				대답하고 얼른 달려가야 한다.			

위 구절의 뜻을 함께 생각해 볼까요?

부모님이 부르셔도 대답조차 제대로 하지 않거나 대답만 하는 경우가 잦은데, 그러지 말고 부모님이 부르시면 얼른 대답하면서 달려가야 한다는 뜻입니다. 『사자소학』에서는 심지어 음식을 씹고 있어도 부모님이 부르시면 씹던 음식까지 뱉고서 달려가야 한다고 강조합니다. 여러분은 부모님이 부르시면 어떻게 행동하나요?

다 같이 생각하고 실천해요.

1. 부모님이 나를 부르시면 어떻게 하는지 적어 보세요.

2. 부모님이 나를 부르시면 어떻게 행동하는 것이 옳을까요?

입으로 소리 내어 읽으면서 손으로 직접 써 보세요!

父	母	呼	我	唯	而	趨	進
아버지 **부**	어머니 **모**	부를 **호**	나 **아**	대답할 **유**	말이을 **이**	달릴 **추**	나아갈 **진**

	부	모	님	이		나	를		부
르	시	거	든		대	답	하	고	
얼	른		달	려	가	야		한	다

오늘의 퀴즈

1. 부모님이 나를 부르시거든 (   ) 얼른 (   ) 한다.

2. 부모님이 나를 '부른다'는 한자는 무엇인가요?

3. '부모호아 유이추진'에서 '부모'를 찾아 한자로 쓰세요.

부모책지 물노물답

父母責之 勿怒勿答

부모님이 나를 꾸짖으시더라도 화내지 말고 말대답하지 말라.

부모책지 물노물답!
부모님이 나를 꾸짖으시더라도
성내지 말라고 가르쳐 주셨잖아요~
하하하하!
……
하하하
하하하
하하하
하하
하
성내지 말랬지~!
언제 웃으랬어?
콩
으악~!
뭘 잘했다고 웃어!
웃음이 나오니!
쿠쿠…
하하하
힘든 세상~
웃으면서 살지요~

20_____년_____월_____일

父	母	責	之	勿	怒	勿	答
아버지 부	어머니 모	꾸짖을 책	이것 지	말 물	성낼 노	말 물	대답할 답
부모님이 나를 꾸짖으시더라도				화내지 말고 말대답하지 말라.			

위 구절의 뜻을 함께 생각해 볼까요?

부모님이 뭐라고 말씀하시면 잔소리라고 귀를 닫아 버리거나 화를 내고 말대답을 하는데 그러지 말아야 한다는 뜻입니다. 부모님이 꾸짖으실 때는 화내기 전에 그 이유부터 꼭 생각해 보세요. 부모님이 나를 꾸짖으시는 것은 내가 미워서가 아니라 내가 잘 되기를 바라시기 때문입니다.

다 같이 생각하고 실천해요.

부모님이 꾸짖으실 때 화내거나 말대답한 적은 없나요? 그런 적이 있다면 언제 무슨 일 때문이었는지 적어 보세요.

입으로 소리 내어 읽으면서 손으로 직접 써 보세요!

父	母	責	之	勿	怒	勿	答
아버지 **부**	어머니 **모**	꾸짖을 **책**	이것 **지**	말 **물**	성낼 **노**	말 **물**	대답할 **답**

	부	모	님	이		나	를		꾸
짖	으	시	더	라	도		화	내	지
말	고		말	대	답	하	지		말
라	.								

오늘의 퀴즈

1. 부모님이 나를 ( ) 화내지 말고 ( )하지 말라.

2. 부모님이 나를 '꾸짖는다'는 한자는 무엇인가요?

3. '부모책지 물노물답'에서 두 번 나오는 한자를 찾아 쓰세요.

05
부모출입 매필기립
父 母 出 入 每 必 起 立
부모님이 대문을 드나드실 때는
반드시 일어서서 인사하라.
대롱
대롱
형~
이것 좀 봐~
이게 뭐야?
우리 분신이야.
우리가 만들었어!
'부모출입 매필기립'
이라는 말 알지?
부모님이
대문을 드나드실 때는
반드시 일어서서
인사하라는 말!

덜컹
자, 봐~ 부모님이 문을 여시면 인사를…
꾸벅
앗! 잭슨이었네?
최악최악
멍멍멍
아, 안 돼~~
얘들아… 그건 좀 아닌 것 같다…
잭슨! 멈춰~~~
그리고 그런 건 방문이 아니라 현관문에 설치해야지! 쯧쯧…

20____년____월____일

父	母	出	入	每	必	起	立
아버지 부	어머니 모	날 출	들 입	매양 매	반드시 필	일어날 기	설 립
부모님이 대문을 드나드실 때는				반드시 일어서서 인사하라.			

위 구절의 뜻을 함께 생각해 볼까요?

부모님이 집 밖으로 나가시거나 집 안으로 들어오실 때 일어나서 인사하라는 뜻입니다. 어떤 친구들은 부모님이 퇴근해서 돌아오셔도 제대로 인사도 안 하는데, 이것은 잘못된 행동이랍니다. 부모님이 나가실 때는 "안녕히 다녀오세요"라고 인사하고, 들어오실 때는 "안녕히 다녀오셨어요?"라고 인사해야 합니다. 그것도 반드시 일어서서 말이에요.

다 같이 생각하고 실천해요.

1. 부모님이 드나드실 때 어떻게 행동하고 있나요?

____

____

2. 부모님이 드나드실 때 일어서서 인사를 하고 그 소감을 적어 보세요.

____

____

입으로 소리 내어 읽으면서 손으로 직접 써 보세요!

父	母	出	入	每	必	起	立
아버지 **부**	어머니 **모**	날 **출**	들 **입**	매양 **매**	반드시 **필**	일어날 **기**	설 **립**

	부	모	님	이		대	문	을	
드	나	드	실		때	는		반	드
시		일	어	서	서		인	사	하
라	.								

오늘의 퀴즈

1. 부모님이 대문을 (　　　　　　) 때는 반드시 (　　　　　　) 인사하라.

2. '들고 나간다'라는 뜻의 우리말 '드나들다'에 해당하는 한자를 써 보세요.

---

3. 우리말 '일어서다'에 해당하는 한자를 써 보세요.

06

구물잡담 수물잡희

口 勿 雜 談 手 勿 雜 戲

입으로는 잡담을 하지 말고
손으로는 장난을 하지 말라.

투닥 투닥

구물잡담 수물잡희!
입으로는 잡담을 하지 말고,
손으로는 장난을 하지 말라는 뜻이야.

알아들었으면
이제 얌전히 숙제하렴~

……

슥슥 슥슥
엄마! 그럼 손으로 말하고
입으로 장난치는 건 괜찮죠?
이렇게요~
이제 손이
입이에요~
쿠쿠~
으이구~
이 장난꾸러기들!
꾸욱
꾸욱

20____년____월____일

口	勿	雜	談	手	勿	雜	戲
입 구	말 물	섞일 잡	말씀 담	손 수	말 물	섞일 잡	놀 희
입으로는 잡담을 하지 말고				손으로는 장난을 하지 말라.			

위 구절의 뜻을 함께 생각해 볼까요?

입으로 쓸데없는 말을 하거나 손으로 짓궂은 장난을 치면 부모님이 슬퍼하시니 그러지 말라는 뜻입니다. 수업 시간에도 계속 짝꿍과 잡담을 하거나 딴짓을 하는 친구들이 있는데 이러면 공부를 잘할 수 없을 뿐만 아니라 부모님이 크게 속상해 하세요. 수업 시간에는 꼭 필요한 말만 하고 손으로도 장난치지 않겠다고 약속해요!

다 같이 생각하고 실천해요.

수업 시간에 짝꿍과 입으로 잡담하거나 손으로 장난치면 어떤 점이 안 좋을까요?

입으로 소리 내어 읽으면서 손으로 직접 써 보세요!

口	勿	雜	談	手	勿	雜	戲
입 **구**	말 **물**	섞일 **잡**	말씀 **담**	손 **수**	말 **물**	섞일 **잡**	놀 **희**

	입	으	로	는		잡	담	을	
하	지		말	고	,	손	으	로	는
장	난	을		하	지		말	라	.

오늘의 퀴즈

1. 입으로는 (　　　　　　)을 하지 말고, 손으로는 (　　　　　　)을 하지 말라.

2. 우리 신체 중에는 손이 있습니다. 손을 뜻하는 한자는 무엇일까요?

---

3. '구물잡담 수물잡희'에서 두 번 나오는 한자가 있습니다. 이 한자는 '하지 말라'는 우리말에 해당합니다. 이 한자를 써 보세요.

07

출필고지 반필면지

出必告之 反必面之

나갈 때는 반드시 아뢰고
돌아오면 반드시 뵈어라.

엄마,
다녀왔습니다~
헉
헉
그래~ 그런데 인사는
왜 계속하는 거야?
출필고지 반필면지!
외출하거나 돌아왔을 때는
"다녀왔습니다"라고
말씀드리라고 하셨잖아요.
다녀
오겠습니다~
다녀
왔습니다~
그래, 그랬지…
근데 현관문 나설 때만
인사하면 돼!
아, 알겠어요~
앗!
배가…
다다다
화장실
다녀오겠습니다~~~

20____년____월____일

出	必	告	之	反	必	面	之
날 출	반드시 필	알릴 고	이것 지	되돌릴 반	반드시 필	얼굴 면	이것 지
나갈 때는 반드시 아뢰고				돌아오면 반드시 뵈어라.			

위 구절의 뜻을 함께 생각해 볼까요?

외출할 때는 "다녀오겠습니다"라고 말씀드리고, 돌아왔을 때는 "다녀왔습니다"라고 말씀드리라는 뜻입니다. 부모님에게 허락도 받지 않고 말도 없이 밖으로 나가면 부모님이 크게 걱정하십니다. 또한 외출했다가 집으로 돌아오면 꼭 부모님의 얼굴을 보면서 잘 다녀왔다고 인사해야 안심하세요.

다 같이 생각하고 실천해요.

1. 집에서 나갈 때 부모님에게 "○○○에 다녀오겠습니다"라고 알리고 다니나요?

____

____

2. 집으로 들어올 때 부모님을 뵙고서 "잘 다녀왔습니다"라고 인사하나요?

____

____

입으로 소리 내어 읽으면서 손으로 직접 써 보세요!

出	必	告	之	反	必	面	之
날 **출**	반드시 **필**	알릴 **고**	이것 **지**	되돌릴 **반**	반드시 **필**	얼굴 **면**	이것 **지**

나갈 때는 반드시 아뢰고, 돌아오면 반드시 뵈어라.

오늘의 퀴즈

1. 나갈 때는 반드시 (   ), 돌아오면 반드시 (   ).

2. 집 안에 있다가 집 밖으로 나갈 때 쓰는 '나간다'라는 뜻의 한자를 써 보세요.

3. '출필고지 반필면지'에서 두 번 나오는 한자를 찾아 쓰세요.

08
의복수악 여지필착
衣服雖惡 與之必着
의복이 비록 나쁘더라도
부모님이 주시면 반드시 입어라.
혀니야~
이 옷 입어보자!
어? 여기
구멍이 났어요~
아… 형들이
입던 거라
너무 낡았나…
괜찮아요~ 엄마!
의복수악 여지필착!
의복이 비록 나쁘더라도
부모님이 주시면
반드시 입으라고 했잖아요.
후훗~

휘청
그래~
션 말이 맞아!
휘청
팍
이 옷들은 이제
네가 입어야겠다~ 션!
아빠는 살이 쪄서 안 맞아.
아… 네…
뚱뚱
오~
이십 년 전에
산 건데
아직 괜찮네~!
…
멋져 멋져~

20____년____월____일

衣	服	雖	惡	與	之	必	着
옷 의	옷 복	비록 수	악할 악	줄 여	이것 지	반드시 필	입을 착
의복이 비록 나쁘더라도				부모님이 주시면 반드시 입어라.			

위 구절의 뜻을 함께 생각해 볼까요?

부모님이 옷을 주시면 비록 좋은 옷이 아니거나 자기 마음에 들지 않더라도 반드시 감사하게 입으라는 뜻입니다. 어떤 친구들은 부모님이 주신 옷이 낡았다거나 디자인이 마음에 들지 않는다며 옷타박을 하곤 합니다. 부모님이 여러분을 위해 정성껏 깨끗하게 준비해 주신 옷을 입을 때마다 부모님에게 감사하는 마음을 잃지 않았으면 좋겠습니다.

다 같이 생각하고 실천해요.

1. 부모님이 새 옷을 사 주셨는데 마음에 들지 않는다며 투정한 적은 없나요? 그때 부모님의 마음은 어땠을까요?

2. 내일 옷을 입을 때는 부모님에게 "부모님 덕분에 깨끗한 옷을 입을 수 있어 감사합니다"라고 얘기해 보세요.

입으로 소리 내어 읽으면서 손으로 직접 써 보세요!

衣	服	雖	惡	與	之	必	着
옷 **의**	옷 **복**	비록 **수**	악할 **악**	줄 **여**	이것 **지**	반드시 **필**	입을 **착**

	의	복	이		비	록		나	쁘
더	라	도		부	모	님	이		주
시	면		반	드	시		입	어	라

오늘의 퀴즈

1. (　　　　　)이 비록 나쁘더라도 부모님이 주시면 반드시 (　　　　　).

2. '의복수악 여지필착'에는 우리말 '옷'에 해당하는 한자가 두 번 나옵니다. 두 글자를 모두 써 보세요.

---

3. '의복수악 여지필착'에서 '나쁘다, 악하다'를 뜻하는 한자는 무엇인지 써 보세요.

09

음식수악 여지필식

飮 食 雖 惡 與 之 必 食

음식이 비록 싫더라도
부모님이 주시면 반드시 먹어라.

엄마~
배고파요.

어, 그래…
밥 먹을 시간이
됐구나~

꼬르륵~

얘들아~
'음식수악 여지필식'이라는 말
기억하지?

네!
비록 음식이 거칠더라도,
부모님이 주시면
반드시 먹어야 한다는
말이잖아요~

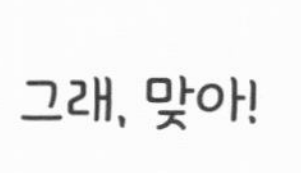

부모님이 밥상을 차려 주시면
편식하거나 반찬 투정을 하지 말고
감사하게 잘 먹으라는 뜻이지~
식사할 때마다
이 말을 꼭 기억하면
좋겠구나~
네, 기억할게요!!!
그런데 엄마…
이건 거칠어도
너무 거친 것 같아요!
마른 김이랑 멸치가
몸에 얼마나 좋은데~
꼭꼭 씹어 먹으렴!
불끈
거칠
거칠
엄마도
미안하게
생각해~
내일은 꼭
장을 봐야지.

20____년____월____일

飮	食	雖	惡	與	之	必	食
마실 음	밥 식	비록 수	악할 악	줄 여	이것 지	반드시 필	먹을 식
음식이 비록 싫더라도				부모님이 주시면 반드시 먹어라.			

위 구절의 뜻을 함께 생각해 볼까요?

부모님이 밥상을 차려 주시면 편식하거나 반찬 투정을 하지 말고, 밥상에 올라오는 대로 감사하게 밥을 잘 먹으라는 뜻입니다. 고기반찬이 없다거나 자기가 좋아하는 반찬이 하나도 없다며 밥을 안 먹겠다고 고집을 피우는 친구들이 있습니다. 날마다 여러분을 위해 밥상을 차려야 하는 부모님의 입장을 한번 생각해 보세요. 부모님이 정성껏 준비해 주시는 대로 "감사히 잘 먹겠습니다!" 하고 밥을 먹어 주면 얼마나 기뻐하실까요?

다 같이 생각하고 실천해요.

1. 부모님이 밥상을 차려 주셨는데 좋아하는 반찬이 없다고 투정한 적은 없나요? 그때 부모님은 어떤 마음이셨을지 생각해 봐요.

____

____

2. 오늘은 부모님이 밥상을 차려 주시면 "맛있게 잘 먹겠습니다!", 다 먹은 후에는 "맛있게 잘 먹었습니다. 감사합니다!"라고 인사해 보세요.

____

____

입으로 소리 내어 읽으면서 손으로 직접 써 보세요!

飮	食	雖	惡	與	之	必	食
마실 **음**	밥 **식**	비록 **수**	악할 **악**	줄 **여**	이것 **지**	반드시 **필**	먹을 **식**

	음	식	이		비	록		싫	더
라	도		부	모	님	이		주	시
면		반	드	시		먹	어	라	.

오늘의 퀴즈

1. (　　　　　)이 비록 싫더라도 부모님이 주시면 반드시 (　　　　　).

2. 우리가 마시는 '음료수'의 '음' 자로는 어떤 한자를 써야 할지 '음식수악 여지필식'에서 찾아 쓰세요.

3. '음식수악 여지필식'에서 두 번 나오는 한자를 찾아 쓰세요. 이 한자는 어떤 경우에는 '밥'을 의미하고, 또 어떤 경우에는 '먹다'라는 말로도 쓰입니다.

10

부모애지 희이물망
父母愛之 喜而勿忘

부모님이 사랑해 주시거든
기뻐하고 잊지 말라.

그래서 잊지 않으려고
칠판에 적어 놓는 거예요.
쪽
아이고~ 우리 딸~
정말 똑똑하다!
하트도
이쁘게 잘 그리네~
감사합니다!
꾸벅
감사합니다~
감사합니다!
꾸벅
꾸벅
그래, 그래~
이제 그만…

20_____년_____월_____일

父	母	愛	之	喜	而	勿	忘
아버지 부	어머니 모	사랑 애	이것 지	기쁠 희	말이을 이	말 물	잊을 망
부모님이 사랑해 주시거든				기뻐하고 잊지 말라.			

위 구절의 뜻을 함께 생각해 볼까요?

부모님이 한없이 주시는 사랑을 당연하게 받지 말고 그 끝없는 사랑을 기뻐하고 기억하라는 뜻입니다. 어떤 친구들은 '부모님은 어른이고 내 부모이기 때문에 나를 사랑하는 게 당연한 것 아니야?'라고 생각하기도 합니다. 이것은 잘못된 생각입니다. 세상에 당연한 것은 없습니다. 물론 부모님의 사랑도 당연하지 않습니다. 부모님의 사랑을 당연하게 여기지 말고 기뻐하면서 그 사랑을 항상 마음에 새긴 채 살아가면 좋겠습니다.

다 같이 생각하고 실천해요.

최근에 부모님이 나를 사랑한다고 느꼈던 일은 무엇인가요?

입으로 소리 내어 읽으면서 손으로 직접 써 보세요!

父	母	愛	之	喜	而	勿	忘
아버지 **부**	어머니 **모**	사랑 **애**	이것 **지**	기쁠 **희**	말이을 **이**	말 **물**	잊을 **망**

	부	모	님	이		사	랑	해	
주	시	거	든		기	뻐	하	고	
잊	지		말	라	.				

오늘의 퀴즈

1. 부모님이 (   )해 주시거든 기뻐하고 (   ) 말라.

2. '부모애지 희이물망'에서 '사랑'에 해당하는 한자를 찾아 쓰세요.

3. '잊을 망忘' 자는 '망할 망亡' 자와 '마음 심心' 자가 합쳐진 글자입니다. 마음에 당연히 기억해야 할 것을 기억하지 않으면 망한다는 뜻이 담겨 있습니다. 부모님의 사랑을 잊지 않겠다고 다짐하며 '잊을 망' 자를 써 보세요.

11

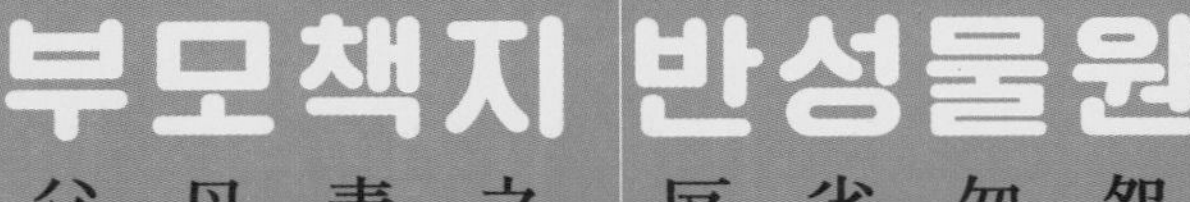

父 母 責 之 反 省 勿 怨

부모님이 꾸짖으시거든
반성하고 원망하지 말라.

너희는
'부모책지 반성물원'이라는
말도 모르니?
그게
무슨 말인데?
부모님이 나의 잘못된 점을 꾸짖으시면
잔소리한다며 원망하지 말고
반성하여 고치라는 말이야~
엄마, 제 말이
맞죠?
그래,
맞아~
하지만 네가
동생들에게 부모는
아니잖아~
그, 그렇긴 하죠…
잔소리 좀
그만하고…
아,네…
큭큭~
쿠쿠쿠~

20____년____월____일

父	母	責	之	反	省	勿	怨
아버지 부	어머니 모	꾸짖을 책	이것 지	되돌릴 반	살필 성	말 물	원망할 원
부모님이 꾸짖으시거든				반성하고 원망하지 말라.			

위 구절의 뜻을 함께 생각해 볼까요?

부모님이 나의 잘못된 점을 꾸짖으시면 잔소리라며 원망하지 말고 반성한 다음에 고치라는 뜻입니다. 세상에서 여러분을 가장 잘 아는 사람은 부모님입니다. 그런 부모님이 잘못된 행동이나 습관을 지적해 주시면 그 점은 반성하여 꼭 바로잡아야 할 것입니다. 부모님이 나를 꾸짖으실 때 내가 어떻게 반응하는지 돌아보세요.

다 같이 생각하고 실천해요.

부모님이 꾸짖으시는 목적은 혼내려는 것이 아니라 훌륭한 사람으로 자라나라는 것입니다. 부모님에게 꾸지람을 들은 후에 반성해서 고친 언행이 있나요?

입으로 소리 내어 읽으면서 손으로 직접 써 보세요!

父	母	責	之	反	省	勿	怨
아버지 **부**	어머니 **모**	꾸짖을 **책**	이것 **지**	되돌릴 **반**	살필 **성**	말 **물**	원망할 **원**

	부	모	님	이		꾸	짖	으	시
거	든		반	성	하	고		원	망
하	지		말	라	.				

오늘의 퀴즈

1. 부모님이 (　　　　　)(　　　　　)하고 원망하지 말라.

2. '부모책지 반성물원'에서 '꾸짖다'에 해당하는 한자를 찾아 쓰세요.

3. '반성'은 자기 말이나 행동에 잘못이 없는지 돌이켜 보는 것을 뜻하는 한자어입니다. '부모책지 반성물원'에서 '반성'을 찾아 한자로 쓰세요.

물여인투 부모불안
勿與人鬪 父母不安

남과 더불어 싸우지 말라.
부모님이 불안해 하신다.

너희…
'물여인투 부모불안'
이라는 말 아니?
친구나 형제끼리 싸우면
부모님은 속상해 하시고
다치지나 않을까
걱정하신다는 뜻이야!
너희가 싸우면
엄마는 정말 속상해~
하하~
다투긴요~
이렇게
귀여운 동생인데
예뻐해 줘야죠!
맞아요~ 형이
얼마나 사랑스러운데요~
사랑해 줘야죠!
에효~
못 말려~
투닥 투닥
투닥
투닥
절레
절레

20____년____월____일

勿	與	人	鬪	父	母	不	安
말 물	더불어 여	사람 인	싸울 투	아버지 부	어머니 모	아니 불	편안할 안
남과 더불어 싸우지 말라.				부모님이 불안해 하신다.			

위 구절의 뜻을 함께 생각해 볼까요?

친구나 형제자매끼리 싸우면 부모님은 속상해 하시고 자식이 다치지나 않을까 걱정하신다는 뜻입니다. 학교에서 아이들이 친구와 싸워서 부모님에게 연락하면 모든 부모님이 너무 놀란 목소리로 "우리 아이가 다치지는 않았나요? 정말 괜찮나요?"라고 먼저 물으십니다. 여러분이 친구 혹은 형제자매와 싸우지 않고 사이좋게 지낸다면 그것만으로도 효도를 제대로 하고 있는 것입니다.

다 같이 생각하고 실천해요.

1. 최근에 친구나 형제자매와 싸워 부모님을 속상하게 한 일이 있나요? 언제 무슨 일 때문이었나요?

2. 다른 사람들과 사이좋게 지내는 방법을 두 가지만 적어 보세요.

입으로 소리 내어 읽으면서 손으로 직접 써 보세요!

勿	與	人	鬪	父	母	不	安
말 **물**	더불어 **여**	사람 **인**	싸울 **투**	아버지 **부**	어머니 **모**	아니 **불**	편안할 **안**

	남	과		더	불	어		싸	우
지		말	라	.	부	모	님	이	
불	안	해		하	신	다	.		

오늘의 퀴즈

1. 남과 더불어 (　　　　　　) 말라. 부모님이 (　　　　　　)해 하신다.

2. '물여인투 부모불안'에서 '싸우다'에 해당하는 한자를 찾아 쓰세요.

3. '불안'은 걱정이 되어 마음이 편하지 않은 것을 뜻하는 한자어입니다. '물여인투 부모불안'에서 '불안'을 찾아 한자로 쓰세요.

13
일기부모 기죄여산
一 欺 父 母 其 罪 如 山
한 번 부모님을 속이면
그 죄가 산과 같다.
선~ 숙제
다 끝냈니?
아, 네…
다 끝냈어요~
후다닥
그래?
신발장 정리하라고
시킨 것도 다 했니?
네, 네…
아침부터 계속
만화책만 보던데
숙제랑 정리를 다 끝냈다고?
하하…
네에… 그렇다고
할 수 있어요…

일기부모 기죄여산!
헉!!
쿵!
거짓말을 해서
부모님을 속이면
그 죄가 산과 같이
높고 무겁다는 뜻이야!
부모님을 속이는 죄가
이렇게 크다니…
잘못했어요~~
끄응
엄마~
잘못했어요~~~
끄응
늘 진실하도록!

20____년____월____일

一	欺	父	母	其	罪	如	山
하나 일	속일 기	아버지 부	어머니 모	그 기	허물 죄	같을 여	뫼 산
한 번 부모님을 속이면				그 죄가 산과 같다.			

위 구절의 뜻을 함께 생각해 볼까요?

거짓말을 해서 부모님을 한 번 속이면 그 죄가 산과 같이 높고 무겁다는 말로, 절대 부모님을 속이지 말라는 뜻입니다. 큰 산을 떠올려 보세요. 얼마나 높고 무겁겠습니까? 그만큼 거짓말은 엄청나게 부담스러운 잘못입니다. 무슨 일이 있더라도 부모님에게는 정직하세요. 부모님은 여러분이 정직하게 이야기하면 아무리 큰 잘못이라도 용서해 주십니다. 부모님이 속상하신 것은 여러분이 저지른 잘못 때문이 아니라 부모님을 속였다는 사실 때문이에요.

다 같이 생각하고 실천해요.

부모님을 거짓말로 속인 경험이 누구에게나 한두 번은 있기 마련입니다. 언제 무슨 일로 부모님을 속였는지 정직하게 적어 보세요.

입으로 소리 내어 읽으면서 손으로 직접 써 보세요!

一	欺	父	母	其	罪	如	山
하나 **일**	속일 **기**	아버지 **부**	어머니 **모**	그 **기**	허물 **죄**	같을 **여**	뫼 **산**

	한		번		부	모	님	을	
속	이	면		그		죄	가		산
과		같	다	.					

오늘의 퀴즈

1. 한 번 부모님을 (   ) 그 죄가 (   )과 같다.

2. '일기부모 기죄여산'에서 '속이다'에 해당하는 한자를 찾아 쓰세요.

---

3. 우리말 '죄'는 허물이나 잘못을 모두 가리키는 말입니다. '일기부모 기죄여산'에서 '죄'라는 한자를 찾아 쓰세요.

14

아신불현 욕급부모

我身不賢 辱及父母

내 몸이 어질지 못하면
그 욕이 부모님에게 미친다.

내가 뭔가를 잘못하면
부모님도 욕을 같이 먹는다는
말이야…
앗! 잠깐!
그러고 보니까 엄마도
내 양치를 안 도와주셨잖아요?
뜨끔!
그래서
내 이가 다 썩고
염증까지 생겨서
엄청 고생했다고…
와~
진짜예요?
토닥
토닥
코오…
코오…
그래~ 그래서 여기
다 가짜 이야!

20____년____월____일

我	身	不	賢	辱	及	父	母
나 아	몸 신	아니 불	어질 현	욕되게 할 욕	미칠 급	아버지 부	어머니 모
내 몸이 어질지 못하면				그 욕이 부모님에게 미친다.			

위 구절의 뜻을 함께 생각해 볼까요?

내가 무언가를 잘못하면 나도 욕을 먹지만 부모님도 나 때문에 욕을 같이 먹는다는 뜻입니다. 학교에서 내가 어떤 잘못을 하면 선생님이 부모님도 학교에 오셔야겠다고 연락하지 않나요? 잘못은 내가 했는데 왜 부모님이 학교에 불려 오셔서 대신 욕을 들으셔야 할까요? 자식과 부모는 따로가 아니라 한 몸과 같기 때문입니다. 부모님이 여러분을 책임지는 사람이니까요. 이렇게 고마운 부모님에게는 어떻게 해야 할까요?

다 같이 생각하고 실천해요.

1. 내가 잘못했는데 부모님까지 욕을 들은 일이 있나요?

2. 반대로 내가 잘했는데 부모님도 같이 칭찬을 받은 일이 있나요?

입으로 소리 내어 읽으면서 손으로 직접 써 보세요!

我	身	不	賢	辱	及	父	母
나 **아**	몸 **신**	아니 **불**	어질 **현**	욕되게 할 **욕**	미칠 **급**	아버지 **부**	어머니 **모**

	내		몸	이		어	질	지	
못	하	면		그		욕	이		부
모	님	에	게		미	친	다	.	

오늘의 퀴즈

1. 내 몸이 (   ) 못하면 그 욕이 (   )에게 미친다.

2. '아신불현 욕급부모'에서 '욕되게 한다'에 해당하는 한자를 찾아 쓰세요.

3. 우리말 '어질다'는 쉽게 풀면 너그럽고 착하며 슬기롭다는 말입니다. '아신불현 욕급부모'에서 '어질다'라는 뜻의 한자를 찾아 쓰세요.

5학년 누나가 있는 3학년 남자아이 두 명을 가르친 적이 있습니다.
이 둘의 모습이 달라도 너무 달랐던 것이 기억에 남습니다. 한 아이는 누나와의 사이가 정말 좋았습니다.
등교도 누나와 손을 잡고 했으며, 점심시간이면 가끔 누나가 남동생의 교실로 찾아와서
동생이 잘 지내는지 살피기도 했습니다. 하교할 때도 꼭 만나서 같이 다정하게 집으로 돌아갔습니다.
다른 친구들도 "와! 나도 저런 누나 한 명 있으면 좋겠다"라고 말하면서 이 아이를 많이 부러워했습니다.
하지만 다른 아이는 누나와의 관계가 이와는 정반대였습니다.
학교에서 그 남매가 다투는 모습을 심심치 않게 봤습니다. 한번은 남자아이가 결석을 했습니다.
마침 그 아이의 누나를 마주쳐서 남동생이 왜 학교에 나오지 않았느냐고 물었더니,
"저도 몰라요. 동생 일을 왜 저한테 물으세요?"라고 아주 쌀쌀하게 대답하더군요.
사실 그 아이도 "우리 누나만 없으면 살겠다"라고 말하곤 했습니다.
남매인데도 서로 못 잡아먹어서 으르렁거리는 관계가 된 것입니다.
이 두 경우를 보면서 '형제란 무엇일까?'에 대해 많이 생각했습니다.
요즈음에는 절반 이상이 형제자매가 없습니다. 그래서 '형제 편'을 공부하면서 '나는 형제자매가 없는데
이 내용을 공부할 필요가 있을까?'라고 생각하는 친구들도 있을 듯합니다. 하지만 그렇지 않습니다.
형제자매를 대하는 마음으로 친구나 다른 사람을 대한다면 이보다 더 좋을 수 없기 때문입니다.

2장

형제兄弟 편

형제자매를 대할 때

15
형체수이 소수일혈
形體雖異 素受一血
생김새는 비록 다르지만
본래 한 핏줄을 받았다.
길쭉
귀염 귀염
늘씬
통
통
참 신기하지? 모두 한 핏줄에서 나왔는데 모습은 다 제각각이야.
'형체수이 소수일혈'이라는 말이 있잖아.

'형제는 비록 그 모습은 다르지만
부모님에게 한 핏줄을 받았으며,
가지는 다르지만 뿌리는 하나인
나무와 같다'라는 말?
오~ 당신도
알고 있었구나!
근데 나는 저 아이들이
모두 당신 배 속에서
나왔다는 게
제일 신기해…
쓰담
쓰담
그건 그렇고,
뱃살은 왜
안 빠지는 걸까?
확……

20____년____월____일

形	體	雖	異	素	受	一	血
모양 형	몸 체	비록 수	다를 이	흴 소	받을 수	하나 일	피 혈
생김새는 비록 다르지만				본래 한 핏줄을 받았다.			

위 구절의 뜻을 함께 생각해 볼까요?

비록 형제자매는 그 모습은 각자 다르지만 부모님에게서 같은 핏줄을 물려받았으므로, 가지는 다르지만 뿌리가 같은 나무와 마찬가지라는 뜻입니다. 쌍둥이를 보면 똑같이 생긴 것이 신기하지 않나요? 형제자매는 다른 모습으로 한 부모에게 태어난 쌍둥이와도 같다고 할 수 있습니다. 형제자매는 그만큼 가까운 사이입니다. 아주 가까운 사이이기 때문에 사이좋게 지내야 한다는 의미도 지니고 있습니다.

다 같이 생각하고 실천해요.

형제자매는 다른 사람들에게서 많이 닮았다는 소리를 듣곤 합니다. 형제자매끼리는 어떻게 지내야 할까요?

입으로 소리 내어 읽으면서 손으로 직접 써 보세요!

形	體	雖	異	素	受	一	血
모양 **형**	몸 **체**	비록 **수**	다를 **이**	흴 **소**	받을 **수**	하나 **일**	피 **혈**

	생	김	새	는		비	록		다
르	지	만		본	래		한		핏
줄	을		받	았	다	.			

오늘의 퀴즈

1. (　　　　　)는 비록 다르지만 본래 한 (　　　　　)을 받았다.

2. '형체수이 소수일혈'에서 '같지 않다, 다르다'에 해당하는 한자를 찾아 쓰세요.

3. '형체'는 사람이나 물건 등의 생김새를 이르는 한자어입니다. '형체수이 소수일혈'에서 '형체'라는 낱말을 찾아 한자로 써 보세요.

16

일립지식 필분이식

一粒之食 必分而食

한 알의 밥알이라도
반드시 나누어 먹어라.

알겠어!
자~ 마셔~
역시 내 동생!
고맙다~ 뚜!
척
텅
에잇! 뭐야!
빈 통이잖아!!!
에휴~
큰오빠!
자, 내 것 먹어~
고마워~
랄라…
텅
콰직

20____년____월____일

一	粒	之	食	必	分	而	食
하나 일	쌀알 립	어조사 지	밥 식	반드시 필	나눌 분	말이을 이	먹을 식
한 알의 밥알이라도				반드시 나누어 먹어라.			

위 구절의 뜻을 함께 생각해 볼까요?

형제자매끼리는 작은 밥알이라도 나누어 먹을 만큼 반드시 모든 것을 나누면서 살아가라는 뜻입니다. 부모님이 동생과 사이좋게 나눠 먹으라고 케이크를 주셨는데 서로 더 먹겠다고 싸운다면 부모님의 마음이 어떨까요? 부모님은 형제자매가 서로 싸울 때 가장 슬픕니다. 밥알 한 개라도 나누어 먹으라는 가르침을 항상 새기면서 형제자매가 서로 나눈다면 부모님이 얼마나 기뻐하실까요?

다 같이 생각하고 실천해요.

자신이 좋아하는 음식을 나눠 먹는 것은 쉬운 듯하면서도 어려운 일입니다. 형제자매끼리 먹는 것으로 다툰 적은 없나요? 그 일에 대해 적으면서 먹는 것으로 다투지 않기 위해서는 어떻게 해야 하는지 생각해 보세요.

입으로 소리 내어 읽으면서 손으로 직접 써 보세요!

一	粒	之	食	必	分	而	食
하나 **일**	쌀알 **립**	어조사 **지**	밥 **식**	반드시 **필**	나눌 **분**	말이을 **이**	먹을 **식**

	한		알	의		밥	알	이	라
도		반	드	시		나	누	어	
먹	어	라	.						

오늘의 퀴즈

1. 한 알의 (   )이라도 반드시 (   ) 먹어라.

2. '식食'은 어떤 경우에는 '밥이나 음식'을 뜻할 때도 있지만, 또 어떤 경우에는 '밥을 먹다'라는 의미로 쓰이기도 합니다. '식食' 자를 적어 보세요.

3. '일립지식 필분이식'에서 '나누다'라는 뜻의 한자를 찾아 쓰세요.

17

형수책아 막감항노

兄雖責我 莫敢抗怒

형이 비록 나를 꾸짖더라도
감히 대들거나 화내지 말라.

난 형 없는데?
오빠들만 있는데?
지금 오빠, 언니를
다 포함해서 '형'이라고
한 거잖아!
아~ 몰라, 몰라~
나는 형 없어서
몰라~
너~
다 알면서!
어허~ 동생들아! 너무 시끄럽다~!
공부해야 하니까 좀 조용히 해 줄래?
예~ 형님!
알겠습니다!
꾸벅 꾸벅 꾸벅
역시
엄마 파워가
있어야…
엄마 없을 때도
형 말은 잘 듣도록~

20____년____월____일

兄	雖	責	我	莫	敢	抗	怒
맏 형	비록 수	꾸짖을 책	나 아	없을 막	감히 감	막을 항	성낼 노
형이 비록 나를 꾸짖더라도				감히 대들거나 화내지 말라.			

위 구절의 뜻을 함께 생각해 볼까요?

나이 많은 형이나 언니가 나를 꾸짖으면 대들거나 화내지 말고 잘 들으라는 뜻입니다. 형이나 언니가 나를 꾸짖을 때 대들거나 화내면 어떻게 될까요? 아마 형제자매 사이에 싸움이 일어나고 이것 때문에 부모님한테 크게 혼날 것입니다. 많은 경우에는 동생이 형이나 언니한테 대들었다고 부모님에게 더 혼날 수 있습니다. 형이나 언니가 나를 꾸짖을 때 어떤 태도를 취하는지 돌아보세요.

다 같이 생각하고 실천해요.

1. 형이나 언니가 나를 꾸짖는데 대들거나 화를 내서 싸운 적이 있나요? 언제 무슨 일 때문에 그랬나요? 형이나 언니가 없으면 부모님으로 바꿔서 생각하세요.

____

____

2. 형이나 언니가 꾸짖을 때는 어떻게 해야 싸우지 않을까요? 형이나 언니가 없으면 부모님으로 바꿔서 생각하세요.

____

____

입으로 소리 내어 읽으면서 손으로 직접 써 보세요!

兄	雖	責	我	莫	敢	抗	怒
맏 **형**	비록 **수**	꾸짖을 **책**	나 **아**	없을 **막**	감히 **감**	막을 **항**	성낼 **노**

형이 비록 나를 꾸짖더라도 감히 대들거나 화내지 말라.

오늘의 퀴즈

1. (   )이 비록 나를 꾸짖더라도 감히 (   ) 화내지 말라.

2. '형수책아 막감항노'에서 '형'을 뜻하는 한자를 찾아 쓰세요.

3. 책망, 질책, 자책, 책임 등의 단어에는 '꾸짖는다'는 뜻의 '책' 자가 들어갑니다. '형수책아 막감항노'에서 '책' 자를 찾아 한자로 써 보세요.

18

제수유과 수물성책

弟雖有過 須勿聲責

동생에게 비록 잘못이 있더라도
모름지기 큰소리로 꾸짖지 말라.

비록 동생에게
잘못이 있더라도 큰소리로
꾸짖지 말라는 말!
아~ 그렇구나!
우리도 이 말씀을
잘 실천해야겠다!
그렇지~!
그래서
말인데…
실은…
내가 형 샤프를 잃어버렸어~
정말 미안해.
뭐?
용서해 줘, 형~
'제수유과 수물성책'을
잘 실천해야지!
이리 와~ 용서 못 해~
그게 얼마짜리인데…
후다닥

20____년____월____일

弟	雖	有	過	須	勿	聲	責
아우 제	비록 수	있을 유	잘못 과	모름지기 수	말 물	소리 성	꾸짖을 책
동생에게 비록 잘못이 있더라도				모름지기 큰소리로 꾸짖지 말라.			

위 구절의 뜻을 함께 생각해 볼까요?

형이나 언니는 동생이 잘못하더라도 아직 어려서 그렇다고 생각하며 큰소리로 혼내지 말라는 뜻입니다. 형이나 언니의 눈높이로 동생을 바라보면 동생은 왠지 어설프고 실수도 많이 하는 것 같습니다. 하지만 형이나 언니도 동생만 했을 때는 똑같이 어설프고 실수도 많았을 것입니다. 비록 동생에게 잘못이 있더라도 큰소리로 꾸짖는 대신에 잘 설명하면서 앞으로는 잘할 수 있다고 격려해 주는 형과 언니야말로 최고가 아닐까요?

다 같이 생각하고 실천해요.

1. 동생이 잘못을 해도 큰소리로 나무라지 말라는데, 나는 어떻게 하는지 적어 보세요. 동생이 없으면 사촌 동생 등으로 바꿔서 생각하세요.

___

___

2. 친구가 잘못을 했을 때 큰소리로 화낸 적은 없나요? 그때 친구의 마음은 어땠을지 생각해 봐요.

___

___

입으로 소리 내어 읽으면서 손으로 직접 써 보세요!

弟	雖	有	過	須	勿	聲	責
아우 **제**	비록 **수**	있을 **유**	잘못 **과**	모름지기 **수**	말 **물**	소리 **성**	꾸짖을 **책**

	동	생	에	게		비	록		잘
못	이		있	더	라	도		모	름
지	기		큰	소	리	로		꾸	짖
지		말	라	.					

오늘의 퀴즈

1. (   )에게 잘못이 있더라도 모름지기 (   )로 꾸짖지 말라.

2. '모름지기'라는 말은 '마땅히'라는 말과 같습니다. '제수유과 수물성책'에서 '모름지기'에 해당하는 한자를 찾아 쓰세요.

3. '아우'는 '동생'을 가리키는 말입니다. '제수유과 수물성책'에서 '아우'에 해당하는 한자를 찾아 쓰세요.

19
형제유선 필예우외
兄弟有善 必譽于外
형제간에 착한 일이 있으면
반드시 드러내어 칭찬하라.
자, 오늘은
'형제유선 필예우외'
라는 말을 배워 보자~
형제간에 칭찬할 만한 일이 있으면
마음속으로만 생각하지 말고
말로 드러내어 칭찬해 주라는 뜻이야!
자, 누가 먼저 시작해 볼까?
!!

저요! 아침에 형이
무거운 책을 들고 갈 때
제가 도와줬어요~
저는 동생들한테
제 사탕을 나눠 줬어요~
어머니~ 저는
동생들이 잘 모르는 걸
친절하게 알려 줬어요~
얘들아~ 자기가 잘한 것 말고
다른 형제가 잘한 것을
칭찬해야지!
형! 빨리
나 칭찬해 줘~~
너부터
칭찬해 주면
나도 칭친해 줄게!
에휴~
못 봐주겠다!
아니야~
나부터
칭찬해 줘~

20____년____월____일

兄	弟	有	善	必	譽	于	外
맏 형	아우 제	있을 유	착할 선	반드시 필	기릴 예	어조사 우	바깥 외
형제간에 착한 일이 있으면				반드시 드러내어 칭찬하라.			

위 구절의 뜻을 함께 생각해 볼까요?

형제자매 사이에 칭찬할 만한 일이 생기면 마음속으로만 생각하지 말고 말로 드러내어 칭찬해 주라는 뜻입니다. 사람은 상대방을 비난하기는 쉬워도 칭찬하기는 어렵습니다. 형제자매 간에도 상대방의 잘못을 찾아서 지적하거나 부모님에게 고자질하기는 쉽습니다. 하지만 이러면 형제자매 관계가 좋아질까요? 잘못을 들추지 말고 형제자매가 잘한 일이 있거나 좋은 점이 있으면 꼭 칭찬해 보세요. 우애가 더욱 깊어질 거예요.

다 같이 생각하고 실천해요.

최근에 형제자매의 좋은 점을 드러내어 칭찬해 준 적이 있나요? 어떤 점을 칭찬했는지 적어 보세요. 형제자매가 없다면 친구로 바꿔서 생각하세요.

입으로 소리 내어 읽으면서 손으로 직접 써 보세요!

兄	弟	有	善	必	譽	于	外
맏 **형**	아우 **제**	있을 **유**	착할 **선**	반드시 **필**	기릴 **예**	어조사 **우**	바깥 **외**

	형	제	간	에		착	한		일
이		있	으	면		반	드	시	
드	러	내	어		칭	찬	하	라	.

오늘의 퀴즈

1. 형제간에 (　　　　　　)이 있으면 반드시 (　　　　　　) 칭찬하라.

2. '형과 아우'를 뜻하는 말을 '형제유선 필예우외'에서 찾아 한자로 쓰세요.

3. 우리말 '착하다'는 '곱고 어질고 좋다'라는 뜻을 품고 있습니다. '착하다'의 반대말은 '나쁘다' 또는 '악하다'입니다. '착하다'에 해당하는 한자를 '형제유선 필예우외'에서 찾아 쓰세요.

20

형제유난 민이사구

兄 弟 有 難 悶 而 思 救

형제간에 어려운 일이 있으면
근심하고 구원해 줄 것을 생각하라.

형! 계산
안 하고 뭐 해?

천 원이 부족해서
이 노트를 살 수가 없어…

아…

얘들아…

엄마가
'형제유난 민이사구'
라고 말씀하셨잖아~
응! 형제간에 어려운 일이
있으면 서로 걱정하고 어떻게
도와줄지를 생각하라고 하셨지!
아이고~ 속상해라…
천 원이 없어서
정말 안타깝구나!
……
그러게~
나도 정말
속상하다~!
야아~ 그러지 말고
좀 도와주라!
너희가 오백 원씩만
형한테 주면 되잖아~~
…
휘잉

20____년____월____일

兄	弟	有	難	悶	而	思	救
맏 형	아우 제	있을 유	어려울 난	번민할 민	말이을 이	생각할 사	건질 구
형제간에 어려운 일이 있으면				근심하고 구원해 줄 것을 생각하라.			

위 구절의 뜻을 함께 생각해 볼까요?

형제자매 사이에 어려운 일이 생기면 서로 걱정하고 어떻게 도와줄 것인지를 먼저 생각하라는 뜻입니다. 나와 관계없는 사람일지라도 어려움에 처하면 도와주는 것이 당연합니다. 하물며 부모님에게 같은 핏줄을 받고 태어난 형제자매가 어려움에 빠졌다면 어떻게 해야 할까요? 당연히 어떻게 도와줄지를 고민하고 내 힘이 닿는 데까지 도와줘야 하지 않을까요?

다 같이 생각하고 실천해요.

최근에 형제자매 간에 서로 도와준 적이 있나요? 어떤 일을 어떻게 도와줬는지 적어 보세요. 형제자매가 없다면 친구로 바꿔서 생각하세요.

입으로 소리 내어 읽으면서 손으로 직접 써 보세요!

兄	弟	有	難	悶	而	思	救
맏 **형**	아우 **제**	있을 **유**	어려울 **난**	번민할 **민**	말이을 **이**	생각할 **사**	건질 **구**

	형	제	간	에		어	려	운	
일	이		있	으	면		근	심	하
고		구	원	해		줄		것	을
생	각	하	라	.					

오늘의 퀴즈

1. 형제간에 (　　　　　　)이 있으면 근심하고 (　　　　　　)해 줄 것을 생각하라.

2. '번민'은 '마음이 답답하여 고민하고 걱정하는 것'을 일컫는 말입니다. '형제유난민이사구'에서 '번민'에 해당하는 한자를 찾아 쓰세요.

3. 어려움에 처한 사람을 도와주고 건져 주는 것을 '구원'이라고 합니다. '형제유난민이사구'에서 '건지다'에 해당하는 한자를 찾아 쓰세요.

형제화목 부모희지

兄弟和睦 父母喜之

형제가 화목하면
부모님이 기뻐하신다.

엄마가
'형제화목 부모희지'
라고 하셨잖아요~
형제가 화목하면
부모님이 기뻐하신다!
그래서 저희가 일부러
이렇게 화목하게
놀고 있었던 거예요~
동생들아~ 사랑해~
나는 너희랑 놀 때가
제일 행복해~
나도 형이랑 노는 게
제일 좋아~
사랑해, 형~
나도
나도~
사랑해~
우리 오빠들~

20____년____월____일

兄	弟	和	睦	父	母	喜	之
맏 형	아우 제	화할 화	화목할 목	아버지 부	어머니 모	기쁠 희	이것 지
형제가 화목하면				부모님이 기뻐하신다.			

위 구절의 뜻을 함께 생각해 볼까요?

형제자매가 서로 사이좋게 지내면 세상 누구보다 부모님이 가장 크게 기뻐하신다는 뜻입니다. 엄마와 아빠가 서로 싸우면 여러분의 기분은 어떤가요? 세상 어떤 일보다 두렵고 슬플 것입니다. 반대로 엄마와 아빠가 사이좋게 지내면 여러분의 기분은 어떤가요? 아마도 하늘을 날아갈 듯 행복할 것입니다. 부모님의 마음도 마찬가지입니다. 형제자매끼리 사이좋게 지내면 기쁘기 이를 데 없지만 싸우면 더없이 슬퍼지는 것이 부모님의 마음입니다.

다 같이 생각하고 실천해요.

1. 최근에 형제자매와 화목하게 지내는 나를 보고 부모님이 기뻐하신 적이 있나요? 무슨 일이었는지 적어 보세요. 형제자매가 없다면 친구로 바꿔 생각하세요.

____

____

2. 형제자매와 화목하게 지내려면 어떻게 해야 할지 적어 보세요. 형제자매가 없다면 친구로 바꿔 생각하세요.

____

____

입으로 소리 내어 읽으면서 손으로 직접 써 보세요!

兄	弟	和	睦	父	母	喜	之
맏 **형**	아우 **제**	화할 **화**	화목할 **목**	아버지 **부**	어머니 **모**	기쁠 **희**	이것 **지**

	형	제	가		화	목	하	면	
부	모	님	이		기	뻐	하	신	다

오늘의 퀴즈

1. 형제가 (   )하면 부모님이 (   ).

2. 서로 뜻이 잘 맞고 사이좋게 지내는 것을 '화목하다'라고 합니다. '형제화목 부모희지'에서 '화목'이라는 말을 찾아 한자로 쓰세요.

3. 세상에서 가장 소중한 사람에 대해 말할 때 '부모'와 '형제'를 꼽곤 합니다. '형제화목 부모희지'에서 '부모'와 '형제'를 찾아 한자로 쓰세요.

어렵지 않은 퀴즈를 하나 낼 테니 맞혀 볼래요?
학교에 가는 것을 즐거워하고 학교생활이 행복한 친구들의 공통점은 무엇일까요?
공부를 잘하는 친구들일까요? 부유한 친구들일까요? 땡!
공부를 잘하면 학교에 가는 것을 즐거워할 가능성이 높아지지만 종종 학교를 싫어하는 경우도 봅니다.
정말로 학교에 가고 싶어 하는 친구들이 있는데 바로 '친구 관계가 좋은 아이들'입니다.
친구들과 사이좋은 아이들은 심지어 주말이나 방학이 너무 싫다고도 얘기합니다.
주말이나 방학에는 친구들을 만날 수도, 같이 놀 수도 없기 때문이죠.
친구들과 잘 지내는 아이들의 얼굴에는 항상 웃음꽃이 가득하고 활력과 자신감이 넘칩니다.
여러분에게 세상에서 가장 중요한 존재를 꼽으라고 하면 아마도 부모님 다음으로 친구를 많이들 꼽을 것입니다.
어쩌면 부모님보다 친구가 더 소중하다고 생각할지도 모릅니다.
사람은 보통 어릴 때는 부모님을 가장 소중하게 생각하지만, 점점 자라면서 친구가
가장 소중하다고 생각하기 마련입니다. 부모님보다 더 소중할 수 있는 친구가 만약 없거나,
혹은 있기는 해도 사이가 좋지 않다면 내가 행복할 수 있을까요?
십중팔구 행복하기 어려울 것입니다.
그럼 친구를 잘 사귀고, 그 친구와 좋은 관계를 유지하기 위해서는 어떻게 해야 할까요?
그 해답을 '붕우 편'에서 찾아보세요.

3장

붕우朋友 편

친구와의 우정에 대하여

22
인지재세 불가무우
人 之 在 世 不 可 無 友
사람이 세상에 살아 있으면
친구가 없을 수 없다.
엄마! 숙제 다 끝냈어요! 저 이제 친구네 집에서 놀다 와도 되죠?
그래~ 두 시간만 놀다가 집에 돌아와~
야호~ 신난다!
폴짝
혀니를 보니까 '인지재세 불가무우'라는 말이 생각나네…

사람이 살아가려면
공기가 필요하듯
친구가 반드시 필요하다는 말?
응~!
후우우웁
맞는 말이지!
그래서 형한테
내가 있잖아~
친구 없는 형을 위해
친구가 되어 주는 좋은 동생!
펑
펑
헤이 맨!!
위 아 프렌드?
요~ 맨!
필요 없다!!
맨~!
짝

20____년____월____일

人	之	在	世	不	可	無	友
사람 인	어조사 지	있을 재	세상 세	아니 불	가능 가	없을 무	벗 우
사람이 세상에 살아 있으면				친구가 없을 수 없다.			

위 구절의 뜻을 함께 생각해 볼까요?

사람이 살아가려면 공기가 필요하듯이, 사람은 살아 있는 한 친구가 반드시 필요하고 소중하다는 뜻입니다. 사람은 갓난아기일 때 말고는 점차 자라면서 친구가 생기기 마련입니다. 늙어서도 친구는 있습니다. 친구가 많은 사람도 있고 적은 사람도 있지만, 분명한 사실은 누구에게나 친구가 필요하다는 것입니다. 여러분의 친구는 누구입니까? 그 친구를 얼마나 소중하게 대하고 있습니까?

다 같이 생각하고 실천해요.

1. 자신과 가장 친한 친구의 이름을 적어 보세요. 그리고 그 친구가 좋은 이유도요.

2. 친한 친구들과 계속 좋은 친구로 잘 지내기 위해서는 어떻게 해야 할까요?

입으로 소리 내어 읽으면서 손으로 직접 써 보세요!

人	之	在	世	不	可	無	友
사람 **인**	어조사 **지**	있을 **재**	세상 **세**	아니 **불**	가능 **가**	없을 **무**	벗 **우**

	사	람	이		세	상	에		살
아		있	으	면		친	구	가	
없	을		수		없	다	.		

오늘의 퀴즈

1. (　　　　　)이 세상에 살아 있으면 (　　　　　)가 없을 수 없다.

2. '친구'라는 뜻으로 옛날부터 많이 쓰인 말은 '벗'입니다. '인지재세 불가무우'에서 '벗'에 해당하는 한자를 찾아 쓰세요.

3. '가능하지 않다'라는 말을 한자어로 '불가하다'라고 표현하기도 합니다. '인지재세 불가무우'에서 '불가'라는 낱말을 찾아 한자로 쓰세요.

23

우기정인 아역자정

友其正人 我亦自正

그 바른 사람을 벗하면
나 또한 저절로 바르게 된다.

올바르게 행동하는 사람을 사귀면
나도 저절로 올바로 행동하게
된다는 뜻이야!
그게 무슨
말이야, 형?
바로 우리처럼
말이야~!
내가
방귀를 뀌면~
나도
뀌지요~
빠
뿡!
뿌
웅
오빠~~
그거 아니잖아~~~

20____년____월____일

友	其	正	人	我	亦	自	正
벗 우	그 기	바를 정	사람 인	나 아	또 역	스스로 자	바를 정
그 바른 사람을 벗하면				나 또한 저절로 바르게 된다.			

위 구절의 뜻을 함께 생각해 볼까요?

올바르게 행동하는 사람을 사귀면 나도 저절로 올바른 사람이 된다는 뜻입니다. 좋은 친구를 가려서 사귀라는 말이지요. 사람이란 무릇 어떤 사람과 시간을 많이 보내면 자연스럽게 그 사람을 닮기 마련입니다. 친할수록 같이 보내는 시간이 많아지니 친구끼리 서로 닮는 것은 당연하겠지요. 친한 친구가 바른 사람이라면 나도 그 친구처럼 역시 바른 사람이 되어 갑니다. 여러분은 어떤 사람과 친구입니까?

다 같이 생각하고 실천해요.

바르고 반듯한 친구를 사귀어 자신도 바르고 반듯해진 경험이 있나요?

입으로 소리 내어 읽으면서 손으로 직접 써 보세요!

友	其	正	人	我	亦	自	正
벗 **우**	그 **기**	바를 **정**	사람 **인**	나 **아**	또 **역**	스스로 **자**	바를 **정**

그 바른 사람을 벗하면 나 또한 저절로 바르게 된다.

오늘의 퀴즈

1. 그 (　　　　　) 사람을 벗하면 나 또한 저절로 (　　　　　) 된다.

2. 바르고 반듯함을 뜻하는 한자 중에 '바를 정'이 있습니다. '우기정인 아역자정'에서 '바를 정' 자를 찾아 쓰세요.

3. '우기정인 아역자정'에서 '또한, 역시'라는 뜻을 지닌 한자를 찾아 쓰세요.

24

종유사인 아역자사
從遊邪人 我亦自邪

간사한 사람을 따라서 놀면
나 또한 저절로 간사해진다.

이제부터 그 친구랑은
가까이 지내지 말렴~!
네! 알겠어요!
타악
아야~ 아야~
친구야~
그만 때려~
타악
왜 깨물어~ 이 나쁜 친구!
우리 그만 헤어지자~
꽈악
션… 이리 와…
혼 좀 나자!
저 말고 이 친구를
혼내셔야죠~

20____년____월____일

從	遊	邪	人	我	亦	自	邪
좇을 종	놀 유	간사할 사	사람 인	나 아	또 역	스스로 자	간사할 사
간사한 사람을 따라서 놀면				나 또한 저절로 간사해진다.			

위 구절의 뜻을 함께 생각해 볼까요?

나쁜 사람을 친구로 가까이하면 나 자신도 나쁜 사람이 된다는 의미입니다. 나쁜 친구를 사귀지 말라는 뜻으로, 친구를 가려서 사귀는 것이 얼마나 중요한지를 일깨웁니다. '우기정인 아역자정(바른 사람을 벗하면 나도 저절로 바르게 된다)'과는 완전히 반대되는 내용입니다. 친구를 사귀다 보면 자연스레 그 친구를 닮게 됩니다. 이슬비에 옷이 서서히 젖어 가듯이 친구도 이슬비처럼 점점 내 삶에 스며드는 법이지요. 친구는 함부로 사귀는 것이 아닙니다.

다 같이 생각하고 실천해요.

1. 바르지 못한 친구를 사귀어 자신도 나쁘게 변한 경험이 있다면 적어 보세요.

2. 바르지 못한 친구가 친하게 지내자고 다가온다면 어떻게 해야 할까요?

입으로 소리 내어 읽으면서 손으로 직접 써 보세요!

從	遊	邪	人	我	亦	自	邪
좇을 **종**	놀 **유**	간사할 **사**	사람 **인**	나 **아**	또 **역**	스스로 **자**	간사할 **사**

	간	사	한		사	람	을		따
라	서		놀	면		나		또	한
저	절	로		간	사	해	진	다	.

오늘의 퀴즈

1. (　　　　　) 사람을 따라서 놀면 나 또한 저절로 (　　　　　).

2. '간사하다'는 '바르지 못하고 나쁘다'를 이르는 말입니다. '종유사인 아역자사'에서 '간사하다'에 해당하는 한자를 찾아 쓰세요.

3. '종유사인 아역자사'에서 '놀다'라는 뜻을 지닌 한자를 찾아 쓰세요.

25
택이교지 유소보익
擇而交之 有所補益
친구를 가려서 사귀면
도움과 유익함이 있다.
형!
서예 동아리
재미있어?
응!
근데
붓을 두고 갔던데?
어~ 깜빡하고
붓을 못 챙겼는데
도은이가 빌려줬어.
도은이는 정말 좋은 친구야!
오~
그 말을 들으니까
뭔가 떠오른다…

택이교지 유소보익!
형도 들어 봤지?
슥
슥
응! 좋은 친구를 사귀면
도움도 받을 수 있고,
나에게 유익한 점이 많다는
뜻이잖아~
그래~ 잘 봐!
이게 바로 형에게
유익한 점이야~
왕 점!
푹
…
야~~~~

20____년____월____일

擇	而	交	之	有	所	補	益
가릴 택	말이을 이	사귈 교	이것 지	있을 유	바 소	도울 보	더할 익
친구를 가려서 사귀면				도움과 유익함이 있다.			

위 구절의 뜻을 함께 생각해 볼까요?

좋은 친구를 사귀면 그 친구에게서 도움을 받을 수 있고, 배울 점도 많아서 나에게 유익하다는 뜻입니다. 여러분에게도 좋은 친구를 사귀어서 여러모로 유익한 도움을 받은 경험이 있을 것입니다. 문제는 어떻게 하면 좋은 친구를 가까이하고, 나쁜 친구를 멀리할 수 있느냐는 것입니다. 그것은 전적으로 나 자신한테 달려 있습니다. 좋은 사람은 좋은 친구를 사귀게 되어 있고, 나쁜 사람은 나쁜 친구를 사귀기 마련입니다. 친구가 문제가 아니라 내가 어떤 사람인지가 훨씬 중요합니다.

다 같이 생각하고 실천해요.

1. 친구를 가려서 사귀면 어떤 도움과 유익함이 있을까요?

____

____

2. 다른 친구들에게 '도움과 유익함을 주는 사람'이 되기 위해 어떻게 해야 할까요?

____

____

입으로 소리 내어 읽으면서 손으로 직접 써 보세요!

擇	而	交	之	有	所	補	益
가릴 **택**	말이을 **이**	사귈 **교**	이것 **지**	있을 **유**	바 **소**	도울 **보**	더할 **익**

	친	구	를		가	려	서		사
귀	면		도	움	과		유	익	함
이		있	다	.					

오늘의 퀴즈

1. 친구를 (　　　　　　) 사귀면 (　　　　　　)과 유익함이 있다.

2. 우리는 흔히 친구를 '사귄다'는 표현을 쓰곤 합니다. '택이교지 유소보익'에서 '사귀다'에 해당하는 한자를 찾아 쓰세요.

3. '택이교지 유소보익'에서 '도움과 유익'을 뜻하는 한자를 찾아 쓰세요.

26 불택이교 반유해의

不擇而交 反有害矣

친구를 가리지 않고 사귀면
도리어 해가 있다.

불택이교 반유해의!
친구를 가리지 않고 아무나 사귀면
나에게 해롭다는 뜻이야~
앞으로 이 친구는
엄마가 특별히 관리해 줄게!
아, 여보!
당신은 바쁜데…
내가 관리할게!
고양이한테
생선을 맡기지…
안 돼…
내 친구!!!
아빠가 돌아올 때까지
잘 가지고 놀라니까!
아빠 친구를 뺏겼잖아~
유감입니다…

20____년____월____일

不	擇	而	交	反	有	害	矣
아니 불	가릴 택	말이을 이	사귈 교	되돌릴 반	있을 유	해칠 해	어조사 의
친구를 가리지 않고 사귀면				도리어 해가 있다.			

위 구절의 뜻을 함께 생각해 볼까요?

친구를 가리지 않고 아무나 사귀거나 나쁜 친구를 사귀게 되면 나에게 해로움이 생긴다는 뜻입니다. '택이교지 유소보익(친구를 가려서 사귀면 도움과 유익함이 있다)'과 정반대되는 말입니다. 욕을 잘 하는 친구와 친해지면 자신도 모르게 욕을 많이 쓰게 되는 것을 경험해 보지 않았나요? 이처럼 나쁜 친구를 사귀면 자신도 점점 나쁜 사람으로 변해 갑니다.

다 같이 생각하고 실천해요.

1. 친구를 가리지 않고 사귀면 어떤 해로움이 있을까요?

___

___

2. 해로운 친구가 되지 않기 위해 어떻게 해야 할까요?

___

___

입으로 소리 내어 읽으면서 손으로 직접 써 보세요!

不	擇	而	交	反	有	害	矣
아니 **불**	가릴 **택**	말이을 **이**	사귈 **교**	되돌릴 **반**	있을 **유**	해칠 **해**	어조사 **의**

친구를 가리지 않고 사귀면 도리어 해가 있다.

오늘의 퀴즈

1. 친구를 (　　　　　) 않고 사귀면 도리어 (　　　　　)가 있다.

2. 우리말 '도리어, 반대로'에 해당하는 한자를 '불택이교 반유해의'에서 찾아 쓰세요.

3. '불택이교 반유해의'에서 '해롭다, 나쁘다'를 뜻하는 한자를 찾아 쓰세요.

27 붕우유과 충고선도

朋 友 有 過 忠 告 善 導

친구에게 잘못이 있거든 충고하여 선으로 인도하라.

부모님을 속이는 건
정말 나쁜 행동이야~
부모님한테는
항상 진실해야지!
그래, 네 말이
맞아…
토닥
토닥
형도 알겠지만
거짓말은 또 다른 거짓말을
낳거든~
또 거짓말은 자기 자신을
부끄럽게 만드는 일이잖아~
그래…
알겠어…
정~ 놀고 싶었으면
"어머니! 놀고 나서
숙제는 저녁에 하면 안 될까요?"
하고 물어봤어야지!
안 그래?
야~~ 지금까지
엄청 혼났는데
너까지 이럴래~~~

20_____년_____월_____일

朋	友	有	過	忠	告	善	導
벗 붕	벗 우	있을 유	허물 과	충성 충	알릴 고	착할 선	이끌 도
친구에게 잘못이 있거든				충고하여 선으로 인도하라.			

위 구절의 뜻을 함께 생각해 볼까요?

친구에게 잘못이 있으면 충고하여 좋은 길로 갈 수 있도록 인도하라는 뜻입니다. 친구가 잘못된 길로 가는 것을 보면서도 가만있으면 좋은 친구라 할 수 없을 것입니다. 친구가 물건을 훔치는 것을 봤는데도 그것을 눈감아 주고 그냥 넘어가야 할까요? 아니면 친구에게 그런 짓을 해서는 안 된다고 이야기해야 할까요? 좋은 친구라면 분명 충고는 해 줘야 합니다. 그런데 친구가 충고를 받아들이지 않으면 나는 어떻게 해야 할까요?

다 같이 생각하고 실천해요.

친구가 물건을 훔치는 모습을 보고 그러지 말라고 충고했습니다. 그런데 그 친구가 내 충고를 무시한 채 계속 물건을 훔친다면 어떻게 해야 할까요?

입으로 소리 내어 읽으면서 손으로 직접 써 보세요!

朋	友	有	過	忠	告	善	導
벗 **붕**	벗 **우**	있을 **유**	허물 **과**	충성 **충**	알릴 **고**	착할 **선**	이끌 **도**

	친	구	에	게		잘	못	이	
있	거	든		충	고	하	여		선
으	로		인	도	하	라	.		

오늘의 퀴즈

1. 친구에게 (   )이 있거든 (   )하여 선으로 인도하라.

2. 지금은 많이 쓰지 않지만 '친구'와 같은 말로 '붕우'가 있습니다. '붕우유과 충고선도'에서 '붕우'를 찾아 한자로 쓰세요.

3. '붕우유과 충고선도'에서 '선으로 인도하다, 착하게 행동하도록 이끌다'라는 뜻의 낱말을 찾아 한자로 쓰세요.

28 견선종지 지과필개

見善從之 知過必改

착한 것을 보면 따르고
잘못을 알면 반드시 고쳐라.

'견선종지 지과필개'라는 말,
실천하기가 너무 어려운 것 같아!

친구의 착한 점을 보면서 본받고
친구의 나쁜 점을 보면서
자기 잘못도 고치라는 말이잖아~

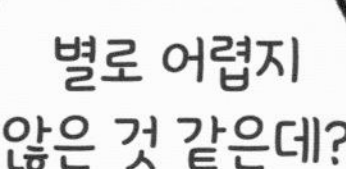

우헤헤헤~
내가 가질래~~
따다다다
내 새 연필 줘~~~
친구의 잘못을 보고
내 잘못을 고치는 게 아니라
친구의 잘못만
고쳐 주고 싶어져…
혀니야~
동생이 싫어하는 장난은
하면 안 돼!
아~ 그러네! 나도
내 잘못보다는 상대방의 잘못이
먼저 들어오네…
쉽진 않겠지만 노력해 봐야지!

20____년____월____일

見	善	從	之	知	過	必	改
볼 견	착할 선	좇을 종	이것 지	알 지	허물 과	반드시 필	고칠 개
착한 것을 보면 따르고				잘못을 알면 반드시 고쳐라.			

위 구절의 뜻을 함께 생각해 볼까요?

친구의 바르고 착한 점을 보면 본받아 따르고, 친구의 나쁜 잘못을 보면 자기 잘못을 고치라는 뜻입니다. 친구는 나를 비추는 거울과도 같습니다. 거울을 보면서 내 얼굴이나 옷차림을 가다듬듯이 친구를 보면서 내 행실을 들여다보라는 것입니다. 친구의 좋은 점은 꼭 본받으려고 노력하며, 친구에게 좋지 않은 점이 있다면 내게도 그런 점이 있는지 살펴서 고쳐야 합니다.

다 같이 생각하고 실천해요.

1. 친구의 나쁜 점을 보고 자기 잘못을 고친 경험이 있다면 적어 보세요.

2. 학교 친구 중에서 가장 본받고 싶은 친구가 누구인가요? 그 친구의 어떤 점을 본받고 싶은가요?

입으로 소리 내어 읽으면서 손으로 직접 써 보세요!

見	善	從	之	知	過	必	改
볼 **견**	착할 **선**	좇을 **종**	이것 **지**	알 **지**	허물 **과**	반드시 **필**	고칠 **개**

	착	한		것	을		보	면	
따	르	고	,	잘	못	을		알	면
반	드	시		고	쳐	라	.		

오늘의 퀴즈

1. 착한 것을 보면 (   ), 잘못을 알면 반드시 (   ).

2. 사람의 눈은 무언가를 보는 역할을 합니다. '견선종지 지과필개'에서 '보다'라는 뜻을 지닌 한자를 찾아 쓰세요.

---

3. '견선종지 지과필개'에서 '고치다'라는 뜻의 한자를 찾아 쓰세요.

사람은 태어나면서 부모님과 만나고, 조금씩 자라면서 친구와 선생님을 만나게 됩니다.
선생님과의 만남은 참 소중한 만남 중 하나입니다. 어떤 선생님은 이름도 생각나지 않지만,
어떤 선생님을 만나느냐에 따라 인생이 달라지기도 하니까요.
'사제師弟'는 '선생님(스승)과 제자'를 일컫는 말입니다.
4장에서는 나를 가르쳐 주시는 선생님을 바르게 대하는 법에 대해 배웁니다.
아이들이 선생님을 대하는 모습에는 두 부류가 있는 것 같습니다.
한 부류는 선생님을 한없이 어렵게 생각하여 선생님 앞에서는 말도 제대로 못한 채 얼어 버리곤 합니다.
또 한 부류는 선생님을 친구처럼 생각하여 '쌤'이라고 줄여 부르며 높임말도 제대로 쓰지 않곤 합니다.
여러분은 선생님을 어떻게 대하고 있나요?
'경장敬長'이라는 말은 '어른 공경하기'를 뜻합니다.
제가 어릴 때만 해도 동네에서 어른을 만나면 무조건 인사했습니다.
손아랫사람이 손윗사람에게 인사하는 것은 당연한 일이었거든요.
어른한테 인사하는 것은 어른을 공경하는 가장 대표적 모습입니다.
이 장을 통해 어른 앞에서는 어떻게 행동해야 하는지에 대해서도 배우게 될 것입니다.

4장

사제師弟 · 경장敬長 편

스승과 어른을 대할 때

29

사사여친 필공필경

事師如親 必恭必敬

스승 섬기기를 어버이와 같이 하여
반드시 공손하고 반드시 공경하라.

10분 후…
타닥
탁
아이고~ 그게 아니라니까~~ 이렇게 잡고 요렇게 휙휙 돌려야지~!
붕
붕
그렇게 한 건데 잘 안 되는 거라고!
어허! 지금 스승님에게 짜증을 내는 것이냐?
이 녀석! 더 공손한 눈빛을 해야지!
탁
야아~~ 더는 못 참아~
으아아~~~ 미안해~ 형~~

20____년____월____일

事	師	如	親	必	恭	必	敬
섬길 사	스승 사	같을 여	친할 친	반드시 필	공손할 공	반드시 필	공경할 경
스승 섬기기를 어버이와 같이 하여				반드시 공손하고 반드시 공경하라.			

위 구절의 뜻을 함께 생각해 볼까요?

선생님을 대할 때 부모님처럼 대하면서 반드시 공손하게 말하고 행동하라는 뜻입니다. 선생님을 어떻게 대해야 할지 모르겠다는 아이가 많은데 어렵게 생각할 필요가 없습니다. 그저 내 부모님을 대하듯 선생님을 대하면 됩니다. 부모님을 대할 때나 선생님을 대할 때나 가장 중요한 것은 '공손함'입니다. '예의가 바르고 겸손한 언행'을 뜻하는 말이지요. 선생님과 부모님 앞에서는 예의 바르고 겸손하게 말하고 행동하면 됩니다.

다 같이 생각하고 실천해요.

선생님을 대할 때 '공손하게', 즉 '예의 바르고 겸손하게' 말하고 행동해야 합니다. 어떤 언행이 선생님에게 공손한 것일까요?

입으로 소리 내어 읽으면서 손으로 직접 써 보세요!

事	師	如	親	必	恭	必	敬
섬길 **사**	스승 **사**	같을 **여**	친할 **친**	반드시 **필**	공손할 **공**	반드시 **필**	공경할 **경**

	스	승		섬	기	기	를		어
버	이	와		같	이		하	여	
반	드	시		공	손	하	고		반
드	시		공	경	하	라	.		

오늘의 퀴즈

1. ( ) 섬기기를 어버이와 같이 하여 반드시 ( ) 공경하라.

2. '선생님'과 같은 뜻을 지닌 한자어로는 '스승'이 있습니다. '사사여친 필공필경'에서 '스승'에 해당하는 한자를 찾아 쓰세요.

3. '사사여친 필공필경'에서 두 번 나오는 한자를 찾아 쓰세요.

30
선생시교 제자시칙
先生施敎 弟子是則
선생님이 가르침을 베푸시거든
제자는 이것을 본받아라.
이렇게?
맞아~
아주 잘했어!
어머~
정말 사이좋게
노는구나!
네! 제가 이것저것
가르쳐 주고 있는데
랄라도 잘 배워요~
'선생시교 제자시칙'을
하고 있었네~
그게
무슨 말이에요?

선생님이 가르쳐 주시는 대로
제자는 잘 듣고 실천하라는
말이지!
아~
랄라야~
오빠가 뭘 가르쳐 줬니?
음…
몰래 똥침 놓기랑
뚜 오빠 약 올리기랑…
엄마 몰래
간식 두 개 먹는 방법이랑
싫어하는 반찬은
덜 먹는 방법이랑…
혀니야…
후다닥
엄마,
잘못했어요~~~

20____년____월____일

先	生	施	教	弟	子	是	則
먼저 선	날 생	베풀 시	가르칠 교	아우 제	아들 자	옳을 시	법칙 칙
선생님이 가르침을 베푸시거든				제자는 이것을 본받아라.			

위 구절의 뜻을 함께 생각해 볼까요?

선생님이 무엇인가를 가르쳐 주면 제자는 이것을 잘 듣고 실천해야 한다는 뜻입니다. "남의 물건은 열심히 훔쳐야 합니다." "거짓말을 잘해야 합니다." "친구와는 부지런히 싸워야 합니다." 이렇게 가르치는 선생님을 본 적이 있습니까? 세상 어떤 선생님도 그렇게는 가르치지 않습니다. 모든 선생님은 "남의 물건은 절대 탐내서는 안 되고, 거짓말도 하지 말며, 친구와 사이좋게 지내세요"라고 가르칩니다. 여러분이 훌륭한 사람이 되기를 바라면서요. 선생님의 가르침을 꼭 가슴에 새기고 실천하세요.

다 같이 생각하고 실천해요.

이제까지 선생님들이 가르쳐 주신 것 중에서 가장 기억에 남는 것이 있다면 적어 보세요. 이 가르침을 가슴에 새기고 앞으로도 계속 실천하세요.

입으로 소리 내어 읽으면서 손으로 직접 써 보세요!

先	生	施	教	弟	子	是	則
먼저 **선**	날 **생**	베풀 **시**	가르칠 **교**	아우 **제**	아들 **자**	옳을 **시**	법칙 **칙**

	선	생	님	이		가	르	침	을
베	푸	시	거	든		제	자	는	
이	것	을		본	받	아	라	.	

오늘의 퀴즈

1. 선생님이 ( ) 을 베푸시거든 제자는 이것을 ( ).

2. '선생'의 원래 뜻은 '먼저 태어난 사람'입니다. '선생시교 제자시칙'에서 '선생'이라는 낱말을 찾아 한자로 쓰세요.

3. '제자'는 선생님의 가르침을 받는 '학생'을 말합니다. '선생시교 제자시칙'에서 '제자'라는 낱말을 찾아 한자로 쓰세요.

31

숙흥야매 물라독서

夙興夜寐 勿懶讀書

일찍 일어나고 밤늦게 자면서
책 읽기를 게을리하지 말라.

좋아요!
저도 오늘부터
책 읽기를 게을리하지 않겠어요.
나도! 책이랑
가장 친한 친구가
될 거예요!
뿌듯~
한 시간 후…
그래…
책이랑 친해 보이긴
하네…

20____년____월____일

夙	興	夜	寐	勿	懶	讀	書
일찍 숙	일어날 흥	밤 야	잠잘 매	말 물	게으를 라	읽을 독	쓸 서
일찍 일어나고 밤늦게 자면서				책 읽기를 게을리하지 말라.			

위 구절의 뜻을 함께 생각해 볼까요?

일찍 일어나서 책을 읽고 밤중에도 책을 읽어서 훌륭한 학생이 되라는 뜻입니다. 여러분 중에서 공부 잘하는 방법을 몰라서 속상한 친구가 있나요? 공부를 잘하는 확실한 방법을 한 가지 알려 줄까요? 책을 열심히 읽으면 됩니다. 책을 부지런히 읽으면 저절로 공부를 아주 잘하게 되기 마련입니다.

다 같이 생각하고 실천해요.

1. 하루에 책 읽는 시간은 얼마나 되나요? 그때 주로 무슨 책을 읽나요?

2. 컴퓨터, 스마트폰, TV 등 무엇이 책 읽기를 방해하나요? 책을 좀 더 열심히 읽기 위해서는 어떻게 해야 할까요?

입으로 소리 내어 읽으면서 손으로 직접 써 보세요!

夙	興	夜	寐	勿	懶	讀	書
일찍 **숙**	일어날 **흥**	밤 **야**	잠잘 **매**	말 **물**	게으를 **라**	읽을 **독**	쓸 **서**

	일	찍		일	어	나	고		밤
늦	게		자	면	서		책		읽
기	를		게	을	리	하	지		말
라	.								

오늘의 퀴즈

1. 일찍 (　　　　　) 밤늦게 자면서 (　　　　　)를 게을리하지 말라.

2. 책을 읽는 것을 '독서'라고 합니다. '숙흥야매 물라독서'에서 '독서'라는 낱말을 찾아 한자로 쓰세요.

3. 낮과 밤을 한자어로 '주야晝夜'라고 합니다. 밤을 뜻하는 한자를 '숙흥야매 물라독서'에서 찾아 한자로 쓰세요.

근면공부 부모열지

勤勉工夫 父母悅之

공부에 부지런히 힘쓰면
부모님이 기뻐하신다.

맞아~ 그랬지!
그래서 무슨 공부를
하고 있니?
영어? 수학?
게임 공부요!
......
<우리가 가장 좋아하는 게임!>
요즘 게임기 가격은?
게임기 파는 곳은 어딜까?
게임기
할인 마트 찾기!
생일 선물로 좋은
게임기는 뭘까?
우리 오늘
정말 열심히
공부한 것 같아.
그래~
조금 쉬자!

20____년____월____일

勤	勉	工	夫	父	母	悅	之
부지런할 근	힘쓸 면	장인 공	지아비 부	아버지 부	어머니 모	기쁠 열	이것 지
공부에 부지런히 힘쓰면				부모님이 기뻐하신다.			

위 구절의 뜻을 함께 생각해 볼까요?

부지런히 공부하면 나도 공부를 잘하게 되어서 기쁘지만 부모님은 더욱 기뻐하신다는 뜻입니다. 아마도 부모님에게서 가장 많이 듣는 잔소리는 "공부 좀 해라!"일 것입니다. 공부를 열심히 하면 부모님이 기뻐하십니다. 어디 부모님만 기쁜가요? 가장 기쁜 사람은 자기 자신일 것입니다. 자기 꿈을 이루기 위해 열심히 공부하세요. 그러면 인생이 여러분에게 좋은 선물을 준비해 줄 거예요.

다 같이 생각하고 실천해요.

공부를 열심히 하고 싶은데 그러지 못하는 이유가 있나요? 열심히 공부하기 위해서는 어떻게 하면 좋을까요?

입으로 소리 내어 읽으면서 손으로 직접 써 보세요!

勤	勉	工	夫	父	母	悅	之
부지런할 **근**	힘쓸 **면**	장인 **공**	지아비 **부**	아버지 **부**	어머니 **모**	기쁠 **열**	이것 **지**

	공	부	에		부	지	런	히	
힘	쓰	면		부	모	님	이		기
뻐	하	신	다	.					

오늘의 퀴즈

1. (   )에 부지런히 힘쓰면 부모님이 (   ).

2. 부지런하게 열심히 하는 것을 '근면'이라고 합니다. '근면공부 부모열지'에서 '근면'이라는 낱말을 찾아 한자로 쓰세요.

---

3. 우리가 많이 쓰는 '공부'는 '학문이나 기술을 배우는 것'을 뜻하는 말입니다. '근면공부 부모열지'에서 '공부'라는 단어를 찾아 한자로 쓰세요.

---

33 서책랑자 매필정돈

書冊狼藉 每必整頓

서책이 흐트러졌거든
매번 반드시 정돈하라.

엄마!
이리 와 보세요~
휙
이렇게
정리하라는
말씀이시죠?
깔끔
그래 맞아~
아주 깔끔하게
잘 정돈했네!
흠~
엄마~
여기를 좀 보세요~
앗!!
우르르

20____년____월____일

書	冊	狼	藉	每	必	整	頓
쓸 서	책 책	어수선할 랑	깔개 자	매양 매	반드시 필	가지런할 정	조아릴 돈
서책이 흐트러졌거든				매번 반드시 정돈하라.			

위 구절의 뜻을 함께 생각해 볼까요?

자기가 공부하는 책들이 어수선하게 널브러져 있으면 항상 정리 정돈을 잘하라는 뜻입니다. 학교에서 학생들을 관찰하다 보면, 정리 정돈이 안 되는 아이들은 대체로 공부도 잘하지 못합니다. 왜 그럴까요? 뇌 과학자들의 연구에 따르면, 눈에 보이는 물건을 정리하지 못하는 사람들은 머릿속에 들어오는 지식도 잘 정리하지 못한다고 합니다. 그래서 공부를 잘할 수가 없다고 합니다. 평소에 부지런히 정리 정돈을 하여 부모님에게 칭찬도 받고 공부도 잘하는 사람이 되기를 바랍니다.

다 같이 생각하고 실천해요.

1. 자신의 정리 습관을 돌아보고 고쳐야 할 점을 적어 보세요.

____

____

2. 자신의 책상과 침대 정도는 스스로 정리해야 하지 않을까요? 책상과 침대를 정돈하는 방법을 알아보세요.

____

____

입으로 소리 내어 읽으면서 손으로 직접 써 보세요!

書	冊	狼	藉	每	必	整	頓
쓸 **서**	책 **책**	어수선할 **랑**	깔개 **자**	매양 **매**	반드시 **필**	가지런할 **정**	조아릴 **돈**

	서	책	이		흐	트	러	졌	거
든		매	번		반	드	시		정
돈	하	라	.						

오늘의 퀴즈

1. (　　　　　)이 흐트러졌거든 매번 반드시 (　　　　　).

2. 책을 한자어로는 '서책'이라고 합니다. '서책랑자 매필정돈'에서 '서책'이라는 낱말을 찾아 한자로 쓰세요.

3. 어지럽게 흩어진 물건을 바르게 정리하는 것을 '정돈'이라고 합니다. '서책랑자 매필정돈'에서 '정돈'이라는 낱말을 찾아 한자로 쓰세요.

34 장자자유 유자경장

長 者 慈 幼 幼 者 敬 長

어른은 어린이를 사랑하고
어린이는 어른을 공경하라.

아빠, 엄마가 내려오셨으니까 조용히 해 줘!
어른 앞에서는 큰소리를 내지 않는 게
어른을 공경하는 거야~
오~ 우리 딸!
그런 것도 알아?
장자자유 유자경장!
어른은 어린이를 사랑하고,
어린이는 어른을 공경하라고
아빠가 알려 주셨잖아요.
아이고~ 그래~
이런 어린이를
안 사랑할 수가 없지~
쪽쪽
엄마,
아빠~~~
저희도
사랑해 주세요!

20____년____월____일

長	者	慈	幼	幼	者	敬	長
길 장	사람 자	사랑할 자	어릴 유	어릴 유	사람 자	공경할 경	길 장
어른은 어린이를 사랑하고				어린이는 어른을 공경하라.			

위 구절의 뜻을 함께 생각해 볼까요?

어른은 어린이를 사랑하는 것이 당연하고, 어린이는 어른을 공경하는 것이 당연하다는 뜻입니다. 부모님이나 주변의 어른이 여러분을 사랑하지 않는다고 느껴질 때 기분이 어떤가요? 아마 화가 나고, 심지어 어른의 자격이 없다고 생각할지도 모르겠습니다. 어른들은 여러분 같은 어린이가 어떻게 대해 주기를 바랄까요? 당연히 공경해 주기를 바랍니다. '공경'은 상대방을 대할 때 몸가짐을 조심하는 것입니다. 어른을 대할 때 몸가짐을 조심하며 공경한다면 여러분은 분명 사랑받는 사람이 될 것입니다.

다 같이 생각하고 실천해요.

어린이는 어른을 공경해야 한다고 했습니다. 어른을 공경하는 방법을 몇 가지 적어 보세요.

입으로 소리 내어 읽으면서 손으로 직접 써 보세요!

長	者	慈	幼	幼	者	敬	長
길 **장**	사람 **자**	사랑할 **자**	어릴 **유**	어릴 **유**	사람 **자**	공경할 **경**	길 **장**

	어	른	은		어	린	이	를	
사	랑	하	고	,	어	린	이	는	
어	른	을		공	경	하	라	.	

오늘의 퀴즈

1. 어른은 어린이를 (　　　　　)하고, 어린이는 어른을 (　　　　　)하라.

2. 어른을 한자로 표현할 때 '장자(큰 사람)'라고 합니다. '장자자유 유자경장'에서 '장자'를 찾아 한자로 쓰세요.

---

3. 어린이를 한자로 표현할 때 '유자(어린 사람)'라고 합니다. '장자자유 유자경장'에서 '유자'를 찾아 한자로 쓰세요.

35

장자지전 진퇴필공
長者之前 進退必恭

어른 앞에서는
나아가고 물러날 때 반드시 공손히 하라.

큰형이 가르쳐 줬어요~
장자지전 진퇴필공!
사사사
어른 앞에서는
반드시 공손하라~
나아가고 물러날 때도
함부로 하지 않고
공손히 하는 거래요~
그래, 맞아.
큰오빠가 좋은 것을
알려 줬네!
얘들아…
좀 지나치다…
지나쳐…
사사사
삭

20____년____월____일

長	者	之	前	進	退	必	恭
길 장	사람 자	어조사 지	앞 전	나아갈 진	물러날 퇴	반드시 필	공손할 공
어른 앞에서는				나아가고 물러날 때 반드시 공손히 하라.			

위 구절의 뜻을 함께 생각해 볼까요?

어른 앞에서 나아가고 물러날 때 함부로 행동하지 말고 반드시 공손하게 행동하라는 뜻입니다. 부모님이나 선생님이 앞에 있는데도 아무 말이나 아무 행동이나 자기 내키는 대로 한다면 어떨까요? 말과 행동은 습관입니다. 어른 앞에서 경솔하게 말하거나 행동하다 보면 금세 습관으로 굳어서 친구나 아랫사람 앞에서도 아무렇게나 말하고 행동하기 마련입니다. 다른 사람 앞에서 예의 바르게 행동하면 상대방도 자신이 존중받았다고 생각하면서 나를 존중해 줍니다.

다 같이 생각하고 실천해요.

1. 어른 앞에서 나아가고 물러날 때 나는 어떻게 행동하나요?

____

____

2. 부모님 앞에서 나아가고 물러날 때 어떻게 해야 공손히 하는 것일까요?

____

____

입으로 소리 내어 읽으면서 손으로 직접 써 보세요!

長	者	之	前	進	退	必	恭
길 **장**	사람 **자**	어조사 **지**	앞 **전**	나아갈 **진**	물러날 **퇴**	반드시 **필**	공손할 **공**

	어	른		앞	에	서	는		나
아	가	고		물	러	날		때	
반	드	시		공	손	히		하	라

오늘의 퀴즈

1. 어른 앞에서는 나아가고 (   ) 반드시 (   ) 하라.

2. 나아가고 물러나는 것을 '진퇴'라고 합니다. '장자지전 진퇴필공'에서 '진퇴'를 찾아 한자로 쓰세요.

3. 앞과 뒤를 '전후前後'라고 합니다. '장자지전 진퇴필공'에서 '앞'을 의미하는 한자를 찾아 쓰세요.

어떤 일이 일어났을 때 '남 탓'을 하는 사람도 있고, '자기 탓'을 하는 사람도 있습니다.
학교 책상 위에 있던 필통을 어느 친구가 자신도 모르게 치고 가는 바람에 바닥에 떨어졌다고 가정해 볼까요.
'남 탓'을 하는 필통 주인이라면 "너 때문에 내 필통이 바닥에 떨어져서 망가졌잖아"라면서
마구 화를 내거나, "눈을 감고 다니냐?"라면서 상대방을 비난할 것입니다.
하지만 '자기 탓'을 하는 필통 주인이라면 "내가 필통을 잘 간수하지 못해서 여기로 지나다니는 사람들을
불편하게 했네. 미안해"라고 말하거나, "혹시 다친 데는 없니?"라면서 상대방을 먼저 걱정해 줄 것입니다.
여러분이라면 누구와 친구가 되고 싶나요? 당연히 '자기 탓'을 하는 친구라고 대답할 것입니다.
그러면서도 정작 자신은 '남 탓'을 하는 사람처럼 말하고 행동할 때가 많습니다. 참 이상하죠?
'수신修身'은 '마음을 착하게 하고 생활을 바르게 하기 위해 자신의 몸과 마음을 닦는 것'을 말합니다.
수신의 목적은 '남 탓'만 하기 바쁜 나를, '자기 탓'을 할 줄 아는 훌륭한 사람으로 거듭나도록 하는 것입니다.
이렇게 새롭고 더 멋진 나를 만들기 위해 하루하루 노력해 가는 사람은 자연스럽게 '제가'를 할 수 있습니다.
'제가齊家'는 '집안을 바르고 가지런하게 다스리는 것'을 말합니다. 가만 생각해 보세요.
자기 자신도 바르게 다스리지 못하는 사람이 가정을 바르게 다스릴 수 있을까요? 말도 안 되는 소리겠죠?
자신을 바르게 다스릴 수 있는 사람, 즉 '수신'을 제대로 하는 사람만이 '제가'도 제대로 할 수 있습니다.
나와 가정을 바르게 다스릴 수 있는 사람은 국가도 다스릴 수 있고, 천하도 다스릴 수 있는 것입니다.
모든 일의 출발은 '나'라는 사실을 꼭 기억하세요.

5장

수신修身 · 제가齊家 편

자신과 가정을 다스린다는 것

36

疑思必問 忿思必難

의심이 나면 반드시 물을 것을 생각하며
화가 나면 반드시 어려움을 생각하라.

혀니야, 혹시 내 지우개 가져갔니?

아니~

그럼 저건 뭐야?

이건 내 지우개야!

내 지우개랑 똑같이 생겼는데?

아니야~ 나도 형이랑 똑같은 지우개를 샀잖아~

으… 내 지우개가
맞는 것 같은데…
질끈!
뭐 해?
의사필문 분사필난…
의사필문 분사필난…
그게
무슨 말이야?
의심스러운 것은
참지 말고
반드시 물어서
알아야 하지만,
화가 나면
뒷일을 생각해서
반드시 참아야
한다는 말~!
아…
오빠~
지우개 잘 썼어~
여기!
앗!
의심해서
미안해…
괜찮아~
형도 잘 참았어~
토닥
토닥

20_____년_____월_____일

疑	思	必	問	忿	思	必	難
의심할 의	생각할 사	반드시 필	물을 문	성낼 분	생각할 사	반드시 필	어려울 난
의심이 나면 반드시 물을 것을 생각하며				화가 나면 반드시 어려움을 생각하라.			

위 구절의 뜻을 함께 생각해 볼까요?

의심이 생기는 것에 대해서는 참지 말고 반드시 물어서 알아야 하지만, 화가 나면 뒷일을 생각해서 반드시 참아야 한다는 뜻입니다. 공부 잘하는 학생들의 공통점은 질문을 많이 한다는 것입니다. 자신이 잘 모르는 내용이나 의문스러운 문제는 선생님에게 물어서라도 끝끝내 제대로 알고서 지나갑니다. 그리고 화가 나는 일도 누구에게나 있기 마련입니다. 하지만 지혜로운 사람은 그 화를 폭발시키지 않습니다. 화를 폭발시킨 이후에 찾아올 엄청난 일을 미리 생각하기 때문입니다.

다 같이 생각하고 실천해요.

1. 수업 시간에 의문이 생기면 잘 질문하는 편인가요? 그렇지 않다면 왜 질문을 하기 어려운 것 같나요?

____

____

2. 화가 날 때 조금만 참으면 금세 그 화가 누그러집니다. 화를 참는 자신만의 좋은 방법이 있나요?

____

____

입으로 소리 내어 읽으면서 손으로 직접 써 보세요!

疑	思	必	問	忿	思	必	難
의심할 **의**	생각할 **사**	반드시 **필**	물을 **문**	성낼 **분**	생각할 **사**	반드시 **필**	어려울 **난**

	의	심	이		나	면		반	드
시		물	을		것	을		생	각
하	고	,	화	가		나	면		반
드	시		어	려	움	을		생	각
하	라	.							

오늘의 퀴즈

1. 의심이 나면 (　　　　　　)을 생각하고, 화가 나면 (　　　　　　)을 생각하라.

2. 모르는 내용을 묻는 것을 '질문'이라고 합니다. '묻는다'에 해당하는 한자를 '의사필문 분사필난'에서 찾아 쓰세요.

____

3. '의사필문 분사필난'에서 '성낸다, 화낸다'를 의미하는 한자를 찾아 쓰세요.

____

37

행필정직 언즉신실

行必正直 言則信實

행실은 반드시 정직해야 하고
말은 미덥고 성실하게 하라.

뚜 오빠! 사랑해!
생일 축하해!!
-랄라가

형! 형의 생일을
진심으로 축하해~
태어나 줘서
고마워!!
- 혀니가

엄마~ 형이
편지로
놀렸어요!
어?
아니에요~
행필정직 언즉신실!
행실은 반드시 정직해야 하고,
말은 믿음이 가도록 참되게 해야 한다고
엄마가 가르쳐 주셨잖아요~
뚜야… 넌 비록 못된 동생이고
못생겼지만 나는 네가 좋아!
앞으로도 건강하길 바란다!
세상에서 최고로 멋진
천재 션 형아가…
그래서 저는
참된 말을 썼을
뿐이라고요~
에휴~

20____년____월____일

行	必	正	直	言	則	信	實
행할 행	반드시 필	바를 정	곧을 직	말씀 언	곧 즉	믿을 신	열매 실
행실은 반드시 정직해야 하고				말은 미덥고 성실하게 하라.			

위 구절의 뜻을 함께 생각해 볼까요?

행동할 때는 반드시 거짓 없이 정직하게, 말할 때는 믿음직하게 참되어야 한다는 뜻입니다. 우리나라에서는 거짓말을 아주 큰 죄로는 생각하지 않는 경향이 있습니다. 하지만 거짓말은 아주 나쁜 짓 중 하나입니다. 한번 거짓말하기 시작하면 계속 거짓말해야 합니다. 그뿐만 아니라 거짓말쟁이가 하는 말은 참말이라도 사람들이 믿어 주지 않습니다. 이솝 우화에 나오는 「양치기 소년」 이야기를 잘 알죠? 사람들은 한두 번 거짓말에 속으면 그 이후에는 절대 믿지 않습니다.

다 같이 생각하고 실천해요.

1. 어떤 경우에 주로 거짓말을 하게 되나요?

2. 거짓말을 하는 것은 거짓말로 위기를 넘기는 편이 더 낫다고 생각하기 때문입니다. 하지만 정직이 최선입니다. 거짓말 때문에 곤란했던 경험을 적어 보세요.

입으로 소리 내어 읽으면서 손으로 직접 써 보세요!

行	必	正	直	言	則	信	實
행할 **행**	반드시 **필**	바를 **정**	곧을 **직**	말씀 **언**	곧 **즉**	믿을 **신**	열매 **실**

	행	실	은		반	드	시		정
직	해	야		하	고	,	말	은	
미	덥	고		성	실	하	게		하
라	.								

오늘의 퀴즈

1. 행실은 반드시 (　　　　　　)해야 하고, (　　　　　　)은 미덥고 성실하게 하라.

2. 거짓 없이 바르고 곧은 것을 '정직'이라고 합니다. '행필정직 언즉신실'에서 '정직'을 찾아 한자로 쓰세요.

3. 말과 행동을 한자어로 '언행'이라고 합니다. '행필정직 언즉신실'에서 '언행'을 찾아 한자로 쓰세요.

38

용모단정 의관정제

容 貌 端 正 衣 冠 整 齊

용모를 단정하게 하며
의관을 바르고 가지런하게 하라.

그래!
'용모단정 의관정제'를 했구나~
잘했다~
헤헤~
그런데…
옷을 다 뒤집어
입었네?
앗!

20____년____월____일

容	貌	端	正	衣	冠	整	齊
얼굴 용	얼굴 모	바를 단	바를 정	옷 의	갓 관	가지런할 정	가지런할 제
용모를 단정하게 하며				의관을 바르고 가지런하게 하라.			

위 구절의 뜻을 함께 생각해 볼까요?

얼굴과 몸은 항상 단정하게 가다듬고, 옷차림은 바르고 가지런하게 매만지라는 뜻입니다. 어떤 아이들은 부스스한 머리에 세수도 제대로 안 했는지 침 흘리고 잔 자국을 묻힌 그대로 아침에 등교하곤 합니다. 또 옷을 단정하게 입지 않고 단추를 다 풀어 헤친 채 모자까지 삐딱하게 쓴 아이들도 있습니다. 이런 아이들에게 꼭 들려주고 싶은 구절이 바로 '용모단정 의관정제'입니다. 사람은 마음이 중요하지만, 사람의 마음은 겉모습에도 드러나는 것입니다. 여러분의 얼굴과 옷차림을 한번 살펴보세요.

다 같이 생각하고 실천해요.

요즈음 초등학생들도 얼굴에 화장을 많이 하는 것을 볼 수 있습니다. 화장이 용모를 단정하게 해 준다고 할 수 있을까요?

입으로 소리 내어 읽으면서 손으로 직접 써 보세요!

容	貌	端	正	衣	冠	整	齊
얼굴 **용**	얼굴 **모**	바를 **단**	바를 **정**	옷 **의**	갓 **관**	가지런할 **정**	가지런할 **제**

	용	모	를		단	정	하	게	
하	며	,	의	관	을		바	르	고
가	지	런	하	게		하	라	.	

오늘의 퀴즈

1. (   )를 단정하게 하며, (   )을 바르고 가지런하게 하라.

2. '용모'는 우리말 '얼굴'을 좀 더 높여 부르는 한자어입니다. '용모단정 의관정제'에서 '용모'를 찾아 한자로 쓰세요.

3. 옷과 모자를 통틀어 '의관'이라고 합니다. '용모단정 의관정제'에서 '의관'을 찾아 한자로 쓰세요.

39

계명이기 필관필수
鷄鳴而起 必盥必漱

닭이 우는 새벽에 일어나서
반드시 세수하고 양치질하라.

계명이기
필관필수!
닭이 우는 새벽에 일어나서
세수하고 양치질하라고
하셔서 저희는 이렇게
준비했다고요!
…?
지금 밤인데?
앗!!!
낮잠 자고 일어나서
뭐 하는 거냐~~~?!
꼬끼오
큭~

20____년____월____일

鷄	鳴	而	起	必	盥	必	漱
닭 계	울 명	말이을 이	일어날 기	반드시 필	씻을 관	반드시 필	양치질할 수
닭이 우는 새벽에 일어나서				반드시 세수하고 양치질하라.			

위 구절의 뜻을 함께 생각해 볼까요?

부모님이 깨워도 벌떡 일어나지 않고 뭉그적거리다가 늦게 일어나서 지각을 하는 경우가 있는데, 그러지 말고 아침에 일찍 일어나서 하루를 준비하라는 뜻입니다. 『사자소학』에서는 닭이 우는 새벽에 일어나서 세수하고 양치질하라고 가르칩니다. 닭은 날이 밝는 새벽에 일어나서 웁니다. 여름에는 새벽 5시가 좀 넘으면 "꼬끼오!" 울고, 겨울에도 6시가 넘으면 어김없이 웁니다. 이렇게 새벽같이 일어나서 하루를 준비하는 사람의 인생은 어떻게 달라질까요?

다 같이 생각하고 실천해요.

1. 평소에 일찍 일어납니까? 일찍 일어나지 못한다면 그 이유는 무엇인가요?

____

____

2. 어릴 때부터 이가 썩어 치과에 자주 다니는 것은 양치질을 제대로 안 해서입니다. 자신의 양치질 습관 중 고칠 점은 없는지 생각해 보세요.

____

____

입으로 소리 내어 읽으면서 손으로 직접 써 보세요!

鷄	鳴	而	起	必	盥	必	漱
닭 **계**	울 **명**	말이을 **이**	일어날 **기**	반드시 **필**	씻을 **관**	반드시 **필**	양치질할 **수**

	닭	이		우	는		새	벽	에
일	어	나	서		반	드	시		세
수	하	고		양	치	질	하	라	.

오늘의 퀴즈

1. 닭이 우는 (　　　　　　)에 일어나서 반드시 세수하고 (　　　　　　)하라.

2. 잠자리에서 일어나는 것을 '기상'이라고 합니다. '계명이기 필관필수'에서 '일어나다'라는 뜻을 지닌 한자를 찾아 쓰세요.

3. 닭의 알을 뜻하는 '계란'은 한자어이고, '달걀'은 순우리말입니다. '계명이기 필관필수'에서 '닭'에 해당하는 한자를 찾아 쓰세요.

40 언어필신 거처필공

言語必愼 居處必恭

언제나 말을 삼가고
거처는 반드시 공손히 하라.

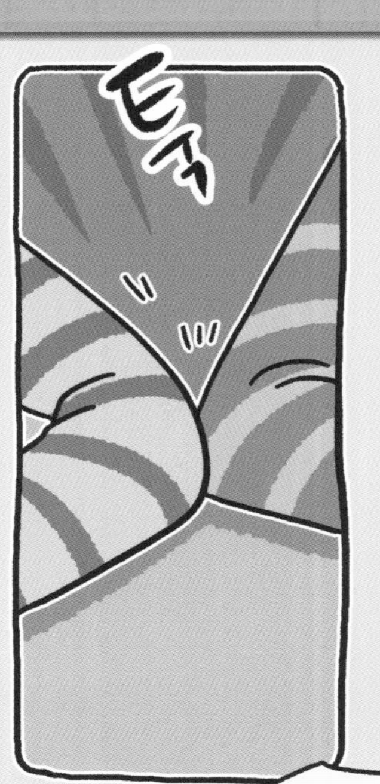

야~
팔을 치면
어떡해?

형아도 아까
내 팔을 쳤잖아~

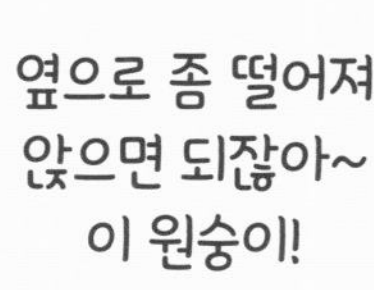

흥! 형이
옆으로 가면 되지~
돼지야!

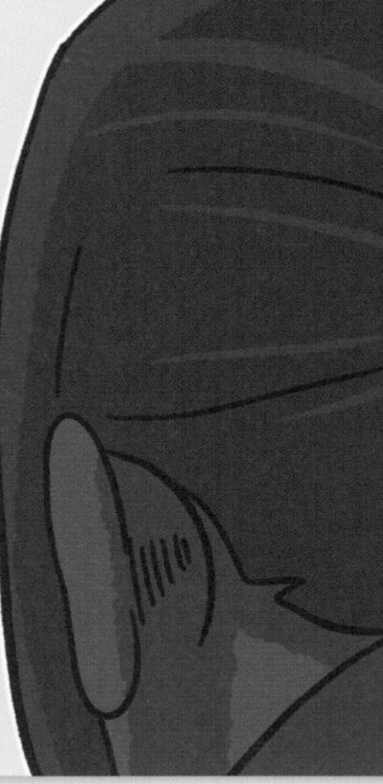

너희!!
언어필신 거처필공!!!
항상 말은 조심하여 곱게 쓰려고 노력하며, 행동은 함부로 거칠게 하지 말라고 했을 텐데?
멋진 나의 동생 님이여… 옆으로 조금만 움직여 주실 수 있나요?
네… 형님마마~ 제가 옆으로 갈게요. 팔을 쳤던 것을 사죄드리옵나이다…
아이고, 아닙니다. 제가 죄송…
아닙니다, 괜찮습니다… 제가 조심할게요~
꾸벅
꾸벅
-_-;;;;

20_____년_____월_____일

言	語	必	愼	居	處	必	恭
말씀 언	말씀 어	반드시 필	삼갈 신	살 거	살 처	반드시 필	공손할 공
언제나 말을 삼가고				거처는 반드시 공손히 하라.			

위 구절의 뜻을 함께 생각해 볼까요?

말할 때는 항상 조심스럽게 고운 말을 쓰려고 노력해야 하며, 머무는 곳에서는 늘 예의 바르고 공손히 행동하라는 뜻입니다. 말을 조심한다는 것은 무슨 뜻일까요? 해야 할 말은 하고, 하지 말아야 할 말은 하지 않는 것입니다. 사람은 해야 할 말을 하지 않아서 탈이 나기보다는, 하지 말아야 할 말을 해서 탈이 나는 경우가 많습니다. 하지 말아야 할 말에는 무엇이 있을까요? 욕, 놀리는 말, 헐뜯는 말, 거짓말 등은 절대 하지 말아야 할 말로 대표적입니다. 이런 말들을 멀리한다면 곤란에 빠지는 일이 거의 없을 것입니다.

다 같이 생각하고 실천해요.

1. 평소에 하지 말아야 할 말을 너무 많이 하고 있지는 않나요?

____

____

2. 해야 할 말을 하지 않는 것도 문제입니다. "고맙습니다", "미안합니다", "안녕하세요" 같은 말은 평소에 많이 쓸수록 좋습니다. 이런 말들을 많이 사용하고 있나요?

____

____

입으로 소리 내어 읽으면서 손으로 직접 써 보세요!

言	語	必	愼	居	處	必	恭
말씀 **언**	말씀 **어**	반드시 **필**	삼갈 **신**	살 **거**	살 **처**	반드시 **필**	공손할 **공**

언제나 말을 삼가고, 거처는 반드시 공손히 하라.

오늘의 퀴즈

1. 언제나 (　　　　　)을 삼가고, (　　　　　)는 반드시 공손히 하라.

2. 우리가 쓰는 말이나 글을 통틀어 '언어'라고 합니다. '언어필신 거처필공'에서 '언어'를 찾아 한자로 쓰세요.

---

3. 무슨 일을 조심스럽게 할 때 '삼가다'라고 합니다. '언어필신 거처필공'에서 '삼가다'에 해당하는 한자를 찾아 쓰세요.

---

41 비례물시 비례물청

非禮勿視 非禮勿聽

예가 아니면 보지도 말고
예가 아니면 듣지도 말라.

엄마가
'비례물시 비례물청'
이라고 하셨잖아요~
그래~
그 말뜻을
기억해?
네! 예의에 벗어난 것은
보지도 말고 듣지도 말라는
뜻이에요~
앗! 그분이
오셨다!
어쩐지 방귀 냄새가
지독하다 했어~
으으~~~
뿌지직 빠지직
그래…
가려서 보고
가려서 듣자…^^;;

20____년____월____일

非	禮	勿	視	非	禮	勿	聽
아닐 비	예절 례	말 물	볼 시	아닐 비	예절 례	말 물	들을 청
예가 아니면 보지도 말고				예가 아니면 듣지도 말라.			

위 구절의 뜻을 함께 생각해 볼까요?

예의에 벗어난 것은 보지도 말고, 듣지도 말라는 뜻입니다. 사람은 혼자 살 수 없습니다. 남과 더불어 같이 살아야 하는 존재입니다. 남과 더불어 같이 살아갈 때 필요한 것이 바로 '예의'입니다. 예의는 마땅히 행해야 하고 지켜야 하는 도리라고 할 수 있습니다. 사람을 만나면 인사하고, 거짓말하지 않으며, 공중도덕을 지키고, 친구와 사이좋게 지내는 것 등이 모두 '예의'에 속합니다. 사람이라면 예의를 알고 지켜야 합니다.

다 같이 생각하고 실천해요.

1. 친구들이 싸우는 모습을 재미있다는 듯 보는 것은 예가 아닙니다. 보지 말아야 할 것에는 또 어떤 것이 있을까요?

____

____

2. 다른 친구의 험담을 재미있다는 듯 듣는 것도 예가 아닙니다. 듣지 말아야 할 것에는 또 어떤 것이 있을까요?

____

____

입으로 소리 내어 읽으면서 손으로 직접 써 보세요!

非	禮	勿	視	非	禮	勿	聽
아닐 **비**	예절 **례**	말 **물**	볼 **시**	아닐 **비**	예절 **례**	말 **물**	들을 **청**

	예	가		아	니	면		보	지
도		말	고	,	예	가		아	니
면		듣	지	도		말	라	.	

오늘의 퀴즈

1. 예가 아니면 ( ) 말고, 예가 아니면 ( ) 말라.

2. 사람이 마땅히 지켜야 할 도리를 '예'라고 합니다. '예의'나 '예절'도 모두 비슷한 말입니다. '비례물시 비례물청'에서 '예(례)'를 찾아 한자로 쓰세요.

3. '비례물시 비례물청'에서 두 번 반복되는 나머지 한자 두 자를 찾아 쓰세요.

42

비례물언 비례물동
非禮勿言 非禮勿動

예가 아니면 말하지도 말고
예가 아니면 움직이지도 말라.

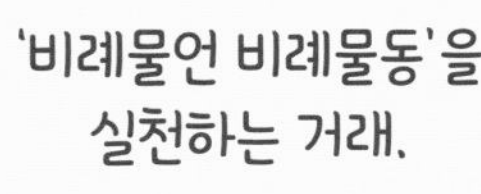

하하~
그렇다고 아무 말도 안 하고
가만히만 있냐? 푸하하하~
잠시 후
랄라야~
오빠들 뭐 하는 거니?
새로운 놀이인가…?
아~
오빠들
뭐 하는 거냐면요…

20_____년_____월_____일

非	禮	勿	言	非	禮	勿	動
아닐 비	예절 례	말 물	말씀 언	아닐 비	예절 례	말 물	움직일 동
예가 아니면 말하지도 말고				예가 아니면 움직이지도 말라.			

위 구절의 뜻을 함께 생각해 볼까요?

예의에 벗어난 말과 행동은 아예 하지도 말라는 뜻입니다. 친구를 욕하거나 놀리지 말아야 합니다. 욕하거나 놀리는 것은 예가 아니기 때문입니다. 친구를 때리거나 함부로 대하지 말아야 합니다. 친구를 때리거나 함부로 대하는 것은 예가 아니기 때문입니다. 예가 아니라고 생각하면 절대 말하거나 행동해서는 안 됩니다. 이렇게 하는 것은 쉬운 일이 아닙니다. 어른들에게도 어려운 일입니다. 누구나 평생 노력해야 하는 일입니다.

다 같이 생각하고 실천해요.

1. 친구에게 욕하거나 친구를 험담하는 것은 예가 아닙니다. 자신이 하는 말 중에서 예가 아닌 것을 돌아보세요.

2. 친구와 싸우는 것은 예가 아닙니다. 자신이 하는 행동 중에서 예가 아닌 것을 돌아보세요.

입으로 소리 내어 읽으면서 손으로 직접 써 보세요!

非	禮	勿	言	非	禮	勿	動
아닐 **비**	예절 **례**	말 **물**	말씀 **언**	아닐 **비**	예절 **례**	말 **물**	움직일 **동**

	예	가		아	니	면		말	하
지	도		말	고	,	예	가		아
니	면		움	직	이	지	도		말
라	.								

오늘의 퀴즈

1. 예가 아니면 (　　　　　　) 말고, 예가 아니면 (　　　　　　) 말라.

2. '비례물언 비례물동'에서 '움직이다', 즉 '행동하다'라는 뜻을 지닌 한자를 찾아 쓰세요.

3. '비례물언 비례물동'에서 '말하다'라는 의미를 가진 한자를 찾아 쓰세요.

43

작사모시 출언고행

作事謀始 出言顧行

일을 할 때는 시작을 잘 계획하고
말을 할 때는 행실을 돌아보라.

일을 할 때는
시작을 잘 계획하고,
말을 할 때는 행실을
돌아보라는 말이야…
앞으로 일 년 동안
친구들과 체육 동아리에서
어떤 운동을 하면 좋을지
생각해 봐~
그리고 친구들의 입장에서
좋은 반장은 어떤 행실을 해야 할지도
생각해 보면 도움이 될 거야~
네, 엄마! 감사해요!
잘하고 올게요!
체육 동아리
반장 후보라…
하아…
션이 후보자
연설을 잘해야
할 텐데…
덜덜덜덜

20____년____월____일

作	事	謀	始	出	言	顧	行
지을 작	일 사	꾀할 모	처음 시	날 출	말씀 언	돌아볼 고	갈 행
일을 할 때는 시작을 잘 계획하고				말을 할 때는 행실을 돌아보라.			

위 구절의 뜻을 함께 생각해 볼까요?

어떤 일을 시작할 때는 무턱대고 하지 말고 계획을 세워 하며, 말을 할 때는 아무 말이나 하지 말고 그동안의 자기 행실을 돌아보라는 뜻입니다. 공부 잘하는 아이들은 공부하기 전에 꼭 계획을 세웁니다. 한 시간 동안 수학 공부를 한다면 먼저 한 시간 안에 끝내야 할 분량을 정한 다음에 집중해서 공부를 시작하는 것입니다. 이런 친구들은 계획을 잘 세워 공부하기 때문에 공부를 잘할 수 있는 것입니다. 여러분은 어떤 일을 시작할 때 계획을 잘 세우나요? "어떻게든 되겠지!" 하면서 아무 계획도 세우지 않나요?

다 같이 생각하고 실천해요.

말을 할 때 자기 행실부터 돌아보라는 것은 남한테 뭐라고 비난하기 전에 자기 행동에는 별문제가 없는지 돌아보라는 뜻입니다. 나도 그러지 못하면서 친구나 동생에게 뭐라고 한 적은 없는지 돌아보세요.

입으로 소리 내어 읽으면서 손으로 직접 써 보세요!

作	事	謀	始	出	言	顧	行
지을 **작**	일 **사**	꾀할 **모**	처음 **시**	날 **출**	말씀 **언**	돌아볼 **고**	갈 **행**

일을 할 때는 시작을 잘 계획하고, 말을 할 때는 행실을 돌아보라.

오늘의 퀴즈

1. 일을 할 때는 (　　　　)을 잘 계획하고, 말을 할 때는 (　　　　)을 돌아보라.

2. '작사, 작곡, 작가, 작품' 등에 공통으로 들어가는 '작' 자가 있습니다. '작사모시 출언고행'에서 찾아 한자로 쓰세요.

3. 어떤 일을 처음으로 하는 것을 '시작'이라고 합니다. '작사모시 출언고행'에서 '시작'이라는 뜻을 지닌 한자를 찾아 쓰세요.

44

음식신절 언어공손

飮 食 愼 節 言 語 恭 遜

음식을 삼가 절제하고
언어를 공손히 하라.

엄마!
더 주세요~

저도요!
더 주세요~

저도요~
엄마~

엄마,
저부터요!

내가 먼저
말했잖아~

나도
더 먹고 싶어!

아니야~
내가 먼저야!

투닥

투닥

투닥

얘들아~
음식신절 언어공손!
먹고 싶은 음식이라도 절제해서 먹고,
하고 싶은 말이라도 절제해서
공손하게 말해야지~
네…
어머니, 간식이
참으로 맛이 좋사옵나이다.
그리하여 조금
더 먹을 수 있을지
여쭈옵나이다~
간식을 내려
주시옵소서~!
간절히
원하나이다~
이것 봐~
공손하게 말하니까
얼마나 좋니?
하지만…
'음식신절'을
해야 하니까
오늘은 그만 먹자~
어마마마~~
통촉하여
주시옵소서!!!

20____년____월____일

飮	食	愼	節	言	語	恭	遜
마실 음	밥 식	삼갈 신	마디 절	말씀 언	말씀 어	공손할 공	겸손할 손
음식을 삼가 절제하고				언어를 공손히 하라.			

위 구절의 뜻을 함께 생각해 볼까요?

먹고 싶은 음식이라도 절제해서 먹고, 하고 싶은 말이라도 절제해서 공손하게 말하라는 뜻입니다. '절제'는 정도를 넘지 않도록 알맞게 조절하는 것을 이르는, 참 아름다운 말입니다. 아무리 좋은 것도 절제할 줄 알아야 좋은 것입니다. 아무리 맛있는 음식도 절제하면서 적당히 먹어야 건강에 이롭습니다. 맛있다고 무절제하게 너무 많이 먹으면 건강을 해칠 뿐입니다. 말도 자신이 하고 싶은 말이라고 다 하는 것은 절제가 없는 것입니다. 하고 싶은 말도 절제하면서 공손하게 하는 사람이 정말 멋진 사람이 아닐까요?

다 같이 생각하고 실천해요.

좋아하는 음식이라고 절제하지 않고서 많이 먹다 보면 반드시 탈이 납니다. 말도 그렇습니다. 하고 싶은 말을 모두 내뱉으면 탈이 나기 마련입니다. 말을 절제하기 위해서는 어떻게 해야 할까요?

입으로 소리 내어 읽으면서 손으로 직접 써 보세요!

飮	食	愼	節	言	語	恭	遜
마실 **음**	밥 **식**	삼갈 **신**	마디 **절**	말씀 **언**	말씀 **어**	공손할 **공**	겸손할 **손**

	음	식	을		삼	가		절	제
하	고	,	언	어	를		공	손	히
하	라	.							

오늘의 퀴즈

1. (　　　　　　)을 삼가 절제하고, (　　　　　　)를 공손히 하라.

2. 사람이 먹고 마실 수 있는 것을 '음식'이라고 합니다. '음식신절 언어공손'에서 '음식'을 찾아 한자로 쓰세요.

3. 정도를 넘지 않도록 알맞게 조절하는 것을 '절제'라고 합니다. '음식신절 언어공손'에서 '절제하다'라는 뜻을 지닌 한자를 찾아 쓰세요.

45

막담타단 미시기장
莫 談 他 短 靡 恃 己 長

다른 사람의 단점을 말하지 말고
자기 장점을 믿지 말라.

막담타단 미시기장!
응?
그, 그게
무슨…
다른 사람의 단점을
얘기하지 말고, 자기 장점을
믿지 말라는 말이랍니다~
앗!
흠흠…
그럼 아빠는
일하러 간다…
다음에도 아빠가 잔소리하시면
'막담타단 미시기장'이라고 하자~
그래, 그래~
좋았어!
엄마, 아빠한테
반격할 말 하나
건졌네~!

20____년____월____일

莫	談	他	短	靡	恃	己	長
없을 막	말씀 담	다를 타	짧을 단	쓰러질 미	믿을 시	자기 기	길 장
다른 사람의 단점을 말하지 말고				자기 장점을 믿지 말라.			

위 구절의 뜻을 함께 생각해 볼까요?

다른 사람의 단점은 말하지 말고 자기 장점은 자랑하지도, 믿지도 말라는 뜻입니다. 우리는 반대로 남의 단점은 열심히 말하고, 자기 장점은 열심히 자랑하곤 합니다. 다른 사람이 자기 단점을 지적해 줄수록 기분이 좋아지는 사람이 있나요? 누구나 칭찬받기를 바라지, 지적당하기는 싫어합니다. 또 자기 장점을 열심히 떠들면서 잘난 척하는 사람은 좋아 보이나요? 잘난 척하는 사람을 좋아하는 사람은 없습니다. 다른 사람을 대할 때 그 사람의 장점은 말해 주고 자기 장점은 떠벌리지 않는 것이 관계의 지혜입니다.

다 같이 생각하고 실천해요.

1. 여러분은 다른 친구들의 장점을 주로 말합니까, 아니면 단점을 말합니까? 그 이유는 무엇입니까?

2. 자기 장점을 말하지 말라는 것은 쉽게 풀어서 잘난 척하지 말라는 뜻입니다. 하지만 자기 장점을 아는 것도 매우 중요합니다. 여러분의 장점은 무엇인가요?

입으로 소리 내어 읽으면서 손으로 직접 써 보세요!

莫	談	他	短	靡	恃	己	長
없을 **막**	말씀 **담**	다를 **타**	짧을 **단**	쓰러질 **미**	믿을 **시**	자기 **기**	길 **장**

	다	른		사	람	의		단	점
을		말	하	지		말	고	,	자
기		장	점	을		믿	지		말
라	.								

오늘의 퀴즈

1. 다른 사람의 (　　　　　　)을 말하지 말고, 자기 (　　　　　　)을 믿지 말라.

2. 좋은 점을 '장점'이라 하고, 모자라거나 나쁜 점을 '단점'이라고 합니다. '막담타단 미시기장'에서 '단점'에 해당하는 한자를 찾아 쓰세요.

3. 다른 사람을 '타인'이라고 합니다. '막담타단 미시기장'에서 '타인'에 해당하는 한자를 찾아 쓰세요.

46

기소불욕 물시어인

己 所 不 欲 勿 施 於 人

자신이 하고 싶지 않은 것을
남에게 베풀지 말라.

네가 낙서한 것 깨끗이 닦으렴~

네…

오빠~ 뭐 해?

창문 닦기 놀이 하고 있어~

재미있어?

엄청 재미있지! 내가 제일 좋아하는 놀이야~

오빠~
부탁이야~
한 번만~
엄마가 '기소불욕 물시어인'
이라고 하셨으니까~
특별히 허락할게!
그게 무슨
말인데?
자기도 하기 싫은 일을
남에게 시키지 말고,
자신이 대접받고 싶은 대로
남을 대접하라는 말이야~
자~
더 세게
닦아 봐!
이렇게?
슥
슥
혀…니…야…
앗! 절대로 제가
닦기 싫어서 그런 게 아니라,
대접받고 싶은 대로 대접해야
되니까 양보한 거예요~
후다닥

20____년____월____일

己	所	不	欲	勿	施	於	人
자기 기	바 소	아니 불	하고자 할 욕	말 물	베풀 시	어조사 어	사람 인
자신이 하고 싶지 않은 것을				남에게 베풀지 말라.			

위 구절의 뜻을 함께 생각해 볼까요?

자신이 하기 싫은 일은 남에게 시키지 말고, 자신이 대접받고 싶은 대로 남을 대접하라는 뜻입니다. 우리는 자기가 하기 싫고 귀찮은 일은 남에게 떠넘기거나 시키곤 합니다. 하지만 내가 싫어하고 귀찮아 하는 일은 다른 사람들도 싫어하고 귀찮아 합니다. 자신이 대접받고 싶은 대로 남을 대하면 됩니다. 내가 남을 존중하면 남도 나를 존중해 주지만, 내가 남을 무시하면서 함부로 대하면 남도 나를 무시하면서 함부로 대하기 마련입니다. 더도 말고 덜도 말고 자신이 대접받고 싶은 만큼만 남도 대접해 주세요.

다 같이 생각하고 실천해요.

남에게 대접받고 싶은 대로 대접하라고 했습니다. 내가 하기 싫거나 귀찮은 일을 동생이나 친구에게 시키는 등, 이 구절에 비추어 자기 행동 중에서 고쳐야 할 점은 없는지 생각해 보세요.

입으로 소리 내어 읽으면서 손으로 직접 써 보세요!

己	所	不	欲	勿	施	於	人
자기 **기**	바 **소**	아니 **불**	하고자 할 **욕**	말 **물**	베풀 **시**	어조사 **어**	사람 **인**

	자	신	이		하	고		싶	지
않	은		것	을		남	에	게	
베	풀	지		말	라	.			

오늘의 퀴즈

1. (　　　　　)이 하고 싶지 않은 것을 (　　　　　)에게 베풀지 말라.

2. '기소불욕 물시어인'에서 '자기, 자신'을 뜻하는 한자를 찾아 쓰세요.

3. 어떤 것을 지나치게 원하는 마음을 '욕심'이라고 합니다. '기소불욕 물시어인'에서 '욕심을 부리다'라는 뜻에 해당하는 한자를 찾아 쓰세요.

47

적선지가 필유여경

積善之家 必有餘慶

선행을 쌓은 집에는
반드시 넘치는 경사가 있다.

엄마! 제 덕분에 우리 집에 좋은 일이 많이 생길 거예요~

오, 그래? 어째서?

형한테 제 장난감도 빌려줬고, 랄라가 동화책을 읽어 달라고 해서 읽어 줬어요~
오~ 그랬구나~ 잘했네! 우리 집이 잘되면 다 혀니 덕분이라고 생각할게!
!!!
자~ 이것 너 먹어. 좋아하는 반찬이지?
고마워~ 내 김은 오빠 줄게~
어머니, 오늘 식탁은 제가 치울게요!
그래~ 너희 선행 덕분에 정말 좋은 일이 많이 생길 것 같아~
다 제 덕분이죠~
아니야~ 내 덕이야!
아니거든! 내 덕이거든!
하아… 또…

20____년____월____일

積	善	之	家	必	有	餘	慶
쌓을 적	착할 선	어조사 지	집 가	반드시 필	있을 유	남을 여	경사 경

선행을 쌓은 집에는	반드시 넘치는 경사가 있다.

위 구절의 뜻을 함께 생각해 볼까요?

착한 일을 많이 하는 집에는 지금 당장은 아닐지 몰라도 반드시 좋은 일이 넘치게 생긴다는 뜻입니다. 가끔은 "착하게 살면 나만 손해를 본다"라고 이야기하는 친구도 있습니다. 정말 그럴까요? 주변에 좋은 일이 자꾸 생기는 사람이나 집안이 있으면 가만 살펴보세요. 아마도 그 부모님이나 조부모님이 착한 일을 많이 하셨을 것입니다. 선한 일을 많이 하는 사람이나 그 집안에는 행복한 일이 넘치는 법입니다. 당장은 좋지 않은 일이 있어도 실망하지 말고 자신과 후손을 위해서 착하게 살려고 노력해 보세요.

다 같이 생각하고 실천해요.

1. '착하게 살면 나만 손해를 본다'라고 생각하는 사람들이 있습니다. 여러분은 어떻게 생각하나요?

____

____

2. 착한 일을 많이 하면 집안에 경사가 넘친다고 합니다. 자신이 무슨 착한 일을 했는지 적어 보세요.

____

____

입으로 소리 내어 읽으면서 손으로 직접 써 보세요!

積	善	之	家	必	有	餘	慶
쌓을 **적**	착할 **선**	어조사 **지**	집 **가**	반드시 **필**	있을 **유**	남을 **여**	경사 **경**

선행을 쌓은 집에는 반드시 넘치는 경사가 있다.

오늘의 퀴즈

1. (　　　　　)을 쌓은 집에는 반드시 넘치는 (　　　　　)가 있다.

2. 착한 일을 많이 하는 것을 '적선'이라고 합니다. '적선지가 필유여경'에서 '적선'을 찾아 한자로 쓰세요.

---

3. 매우 기쁘고 즐거운 일을 '경사'라고 합니다. '적선지가 필유여경'에서 '경사'라는 뜻에 해당하는 한자를 찾아 쓰세요.

48

損 人 利 己 終 是 自 害

남에게 손해를 끼치고 자신을 이롭게 하면 마침내 자신을 해롭게 하는 것이다.

쏙

쏙

안 돼~
내 거야~

형이 내 것
가져갔잖아!

오빠도
내 것 내놔~

쨍그랑

너 때문에 깨졌잖아…

형 때문이야…

오빠들
때문이야…

너희들…!
화르르
헉!
손인리기 종시자해!!
손인리기 종시자해!!
남에게 손해를 보게 하고 자신을 이롭게 하는 것은 마침내 자신을 해롭게 하는 짓이다!
남에게 손해를 보게 하고 자신을 이롭게 하는 것은 마침내 자신을 해롭게 하는 짓이다!
더 크게!
더 크게!
누가 "더 크게"를 따라 하래?
누가 "더 크게"를 따라 하래… 앗!

20____년____월____일

損	人	利	己	終	是	自	害
덜 손	사람 인	이로울 리	자기 기	끝날 종	옳을 시	스스로 자	해칠 해

남에게 손해를 끼치고 자신을 이롭게 하면	마침내 자신을 해롭게 하는 것이다.

위 구절의 뜻을 함께 생각해 볼까요?

자기 이익만 생각한 채 남에게는 손해를 보게 하면 결국 자신에게도 손해가 된다는 뜻입니다. 급식 시간에 남보다 먼저 식사하고 싶어서 줄을 서지 않고 새치기를 하는 아이들이 있습니다. 자기 이익만 생각하고 남에게는 손해를 끼치는 행동이지요. 이런 아이들은 결국 어떻게 되나요? 선생님한테 혼나기도 하지만, 맨 뒤로 가서 다시 줄을 서게 되어 결국은 제일 늦게 식사합니다. 나에게도 이익이지만 다른 사람에게도 이익이 되는 것이 가장 좋은 일입니다.

다 같이 생각하고 실천해요.

1. 최근에 자신에게는 이득이었지만 다른 사람에게는 손해가 되었던 일이 있나요? 어떤 일이었는지 적어 보세요.

____

____

2. 어떤 일을 할 때는 자신에게도 이득이 되어야 하지만 상대방에게도 이득이 되도록 하는 것이 좋습니다. 최근에 자신과 남에게 다 이득이 되었던 일이 있나요?

____

____

입으로 소리 내어 읽으면서 손으로 직접 써 보세요!

損	人	利	己	終	是	自	害
덜 **손**	사람 **인**	이로울 **리**	자기 **기**	끝날 **종**	옳을 **시**	스스로 **자**	해칠 **해**

	남	에	게		손	해	를		끼
치	고		자	신	을		이	롭	게
하	면		마	침	내		자	신	을
해	롭	게		하	는		것	이	다.

오늘의 퀴즈

1. 남에게 (　　　)를 끼치고 자신을 이롭게 하면 마침내 자신을 (　　　) 하는 것이다.

2. 자신만 알고 자기 이익만 꾀하는 것을 우리는 흔히 '이기적'이라고 합니다. '손인리기 종시자해'에서 '이(리)기'를 찾아 한자로 쓰세요.

3. '손인리기 종시자해'에서 '끝내, 마침내'라는 의미를 지닌 한자를 찾아 쓰세요.

49
독서근검 기가지본
讀書勤儉 起家之本
책을 읽으며 부지런하고 검소한 것이 집안을 일으키는 근본이다.
웬일이야? 네가 책을 다 읽고?
엄마가 '독서근검 기가지본' 이라고 하셔서…
책을 열심히 읽으며 부지런하고 사치하지 않는 사람이 집안을 잘되게 한다는 뜻이잖아?
그건 바로 나한테 해당되는 이야기지~ 나는 원래 책을 좋아하고 부지런하고 검소하거든! 하하하!
형들…
오빠들…

'검소함' 하면
바로 셋째와 넷째인
우리 아니겠어?
너덜
너덜
우리는
형들이 물려준 책과 옷을
군말 없이 잘 쓰고 있거든!
어때?
인정~!
인정~!

20_____년_____월_____일

讀	書	勤	儉	起	家	之	本
읽을 독	쓸 서	부지런할 근	검소할 검	일어날 기	집 가	어조사 지	근본 본
책을 읽으며 부지런하고 검소한 것이				집안을 일으키는 근본이다.			

위 구절의 뜻을 함께 생각해 볼까요?

책을 열심히 읽으면서 부지런하고 사치하지 않는 사람은 집안을 일으켜 잘되게 할 수 있다는 뜻입니다. 이 구절을 반대로 쓰면 이렇게 됩니다. '책을 안 읽고 게으르며 사치로 낭비하면 집안을 망하게 한다'입니다. 반대 구절이 훨씬 와닿지 않나요? 여러분은 집안을 일으키는 사람이 되고 싶나요? 아니면 집안을 망하게 하는 사람이 되고 싶나요? 당연히 집안을 일으키는 사람이 되고 싶다고요? 그러면 책을 열심히 읽으면서 부지런하고 검소한 습관을 들이면 됩니다.

다 같이 생각하고 실천해요.

책을 읽고, 부지런하고, 검소한 것을 집안을 일으키는 세 가지로 꼽았습니다. 이 세 가지 중에서 자신이 가장 잘하고 있는 것과 가장 못하고 있는 것을 적어 보세요.

입으로 소리 내어 읽으면서 손으로 직접 써 보세요!

讀	書	勤	儉	起	家	之	本
읽을 **독**	쓸 **서**	부지런할 **근**	검소할 **검**	일어날 **기**	집 **가**	어조사 **지**	근본 **본**

	책	을		읽	으	며		부	지
런	하	고		검	소	한		것	이
집	안	을		일	으	키	는		근
본	이	다	.						

오늘의 퀴즈

1. 책을 읽으며 부지런하고 (   ) 것이 (   )을 일으키는 근본이다.

2. 낭비하거나 사치하지 않는 것을 '검소하다'라고 합니다. '독서근검 기가지본'에서 '검소하다'에 해당하는 한자를 찾아 쓰세요.

3. 우리는 부모님 덕분에 따뜻한 집에서 살 수 있습니다. '독서근검 기가지본'에서 '집'에 해당하는 한자를 찾아 쓰세요.

50
수신제가 치국지본
修身齊家 治國之本
자기 몸을 닦고 집안을 가지런히 하는 것은 나라를 다스리는 근본이다.
툭툭
슥슥
청소 끝~~ 얘들아, 이제 목욕하자!
응~!
'수신제가 치국지본' 이라는 말 알지?
자기 몸을 닦고 집안을 가지런히 하는 것은 나라를 다스리는 근본이라는 말!
……

근데 여기서 '몸을 닦는다'는 말은
자신을 돌아보면서 노력하는
것이라고 하던데…?
아!
그, 그래~
그러니까 형의 말은…
몸을 닦으면서 자신에 대해
돌아보는 시간을 갖자고…
벅벅벅
훗~
그래…
어휴…
우리 삼 형제…
때를 얼마나
민 거야~
여보~ 하수구 막혔어~
뚫어 주세요!!!

20_____년_____월_____일

修	身	齊	家	治	國	之	本
닦을 수	몸 신	가지런할 제	집 가	다스릴 치	나라 국	어조사 지	근본 본
자기 몸을 닦고 집안을 가지런히 하는 것은				나라를 다스리는 근본이다.			

위 구절의 뜻을 함께 생각해 볼까요?

자기 자신을 돌아보면서 노력하고 집안을 가지런하게 할 줄 아는 사람은 나라도 다스릴 수 있다는 뜻입니다. 학교에서 보면 자기 일도 제대로 못하고 정리 정돈도 못하면서 반장을 하겠다고 나서는 아이들이 있습니다. 물론 친구들이 그런 아이는 반장으로 뽑아 주지도 않습니다. 다른 사람을 다스리기 전에 자기 자신부터 다스릴 줄 알아야 합니다. 자기 자신을 가지런하게 다스릴 줄 아는 사람은 나라도 충분히 다스릴 수 있습니다. 모든 일의 출발은 자기 자신임을 잊지 마세요.

다 같이 생각하고 실천해요.

1. 자기 몸과 마음을 닦는 '수신'의 구체적인 방법으로는 무엇이 있을까요?

____

____

2. 수신제가는 '자기 몸을 닦고 집안을 가지런히 한다'라는 의미입니다. 수신제가를 제대로 못하는 사람이 리더가 되거나 나라를 다스리면 어떻게 될까요?

____

____

입으로 소리 내어 읽으면서 손으로 직접 써 보세요!

修	身	齊	家	治	國	之	本
닦을 **수**	몸 **신**	가지런할 **제**	집 **가**	다스릴 **치**	나라 **국**	어조사 **지**	근본 **본**

자기 몸을 닦고 집안을 가지런히 하는 것은 나라를 다스리는 근본이다.

오늘의 퀴즈

1. 자기 몸을 닦고 (　　　　　　)을 가지런히 하는 것은 (　　　　　　)를 다스리는 근본이다.

2. '수신제가 치국지본'에서 자기 몸과 마음을 닦는 '수신'을 찾아 한자로 쓰세요.

3. '수신제가 치국지본'에서 나라를 다스리는 '치국'을 찾아 한자로 쓰세요.

특별부록 1

부모님을 위한
사자소학 가이드

사자소학을 어떻게 가르쳐야 할까?

인류의 역사에서 가장 위대한 국가로 일컬어지는 로마는 왜 멸망했을까요? 해외 점령지의 팽창, 노예의 증가, 빈부 격차의 확대 등 학자별로 다양한 원인을 꼽습니다. 하지만 학자들마다 공통적으로 꼽는 것은 지배층의 도덕성 타락입니다. 무능과 탐욕, 부정부패, 나태함, 도를 넘는 쾌락 추구 같은 지도층의 도덕적 타락은 가장 강대한 국가였던 로마를 역사의 뒤안길로 사라지게 만들었습니다. 한 국가의 흥망성쇠에 가장 밀접하게 관련하는 것은 그 나라의 도덕성입니다. 도덕성이 높을 때는 흥왕하지만, 도덕성이 낮을 때는 제아무리 강력한 제국이라 하더라도 쇠락의 나락으로 떨어집니다.

오늘날 우리나라는 어떨까요? 국제투명성기구에서는 전 세계 나라들의 부패 정도를 조사하여 매년 부패인식지수CPI, Corruption Perceptions Index를 발표합니다. 2020년 대한민국의 부패인식지수는 100점 만점에 61점, 180개국 중 33위를 기록했습니다. 그나마 많이 향상된 것입니다. 2017년에는 50위권 밖이었습니다. 우리나라의 개인당 국민소득이 20위권이고 경제 규모가 10위권임을 감안하면 현재 부패인식지수는 부끄러운 수준임을 알 수 있습니다. 덴마크, 뉴질랜드, 핀란드 같은 나라들이 높은 순위를 점하고 있지요. 이들 나라는 누구나 부러워하는 복지국가로 진정한 선진국들입니다.

우리나라가 진정한 선진국으로 거듭나려면 무엇보다 국가 전체의 도덕성을 올려야 합니다. 국가의 도덕성이란 결국 개인의 도덕성이 모여서 만들어지는 것입니다. 각 개인의 도덕성을 높이지 않고서는 국가의 도덕성도 절대 높일 수 없습니다. 안타깝게도 도덕성이라는 것은 하루아침에 쉽게 올라가지 않습니다. 아주 서서히 올라갑니다. 또한 타락을 경험한 세대의 도덕성을 끌어올리기는 더욱 어렵습니다. 소망은 자라나는 세대에게 걸어야 합니다. 어린아이들이 제대로 된 도덕성 교육을 받고 바른 가치관을 정립할 수 있다면 대한민국은 분명코 세계 어느 나라도 넘볼 수 없는 선진국이 될 것입니다.

그렇다면 어떻게 하면 자라나는 어린 세대에게 높은 수준의 도덕성을 갖춰 줄 수 있을까요? 가정은 교육 기

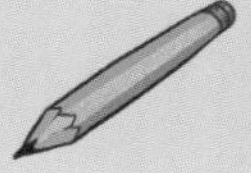

능을 잃어 가고, 학교는 경쟁의 각축장이 되어 가고 있습니다. 이런 현실과 마주하여 아이들은 어디에서 수준 높은 도덕성을 배우고 함양할 수 있을까요? 조심스럽지만, 우리 고전에서 그 방법을 찾을 수 있다고 생각합니다.

『사자소학』, 『명심보감』, 『동몽선습』, 『소학』 같은 우리의 인문 고전은 그간 세간의 주목을 크게 받지 못했습니다. 이렇게 된 이유는 일제강점기를 거치면서 일제가 우민화정책의 일환으로 이런 책들을 의도적으로 멀리하게 만들었기 때문입니다. 그렇다고 이런 책들의 가치가 떨어지는 것은 아닙니다. 사람이라면 마땅히 배우고 익혀야 할 덕목들이 이런 책들에 모두 담겨 있습니다. 우리 선조가 우리에게 전해 준 금과옥조들입니다. 이런 책들만 제대로 읽고 배워도 우리 아이들은 세계 최고의 도덕성을 자랑할 것이고, 우리나라는 세계에서 가장 살기 좋은 나라가 될 것입니다.

여러 고전 중에서 먼저 『사자소학』을 출간합니다. 『사자소학』은 조선 시대에 서당에 입학해서 맨 처음에 배우는 책들 중 한 권이었습니다. 한자를 많이 몰라도 되고 사자일구四字一句 형식으로 이루어져 아이들이 읽기가 쉬우며, 그 내용도 실생활과 깊이 관련되어 있기 때문입니다. 훌륭한 품성을 지닌 사람으로 자라도록 하기에 딱 좋은 교재였으므로 지역별로, 가문별로 수많은 필사본이 전해지는, 아주 귀한 책입니다. 우리 시대의 아이들이 읽어도 조금도 부족함이 없는 책입니다. 아니 오히려 지금 이 시대 아이들에게 더욱 필요한 책이라고 감히 말씀드리고 싶습니다.

아이들을 위한 책이라고 자녀에게만 읽히지 마시고, 부모님도 같이 읽으시면 더욱 좋습니다. 이 책이 부모님에게도 많은 것을 생각하게 만들어 줄 것이라고 믿습니다. 아이는 부모님의 수준을 넘지 못합니다. 부모님이 먼저 이 책에 매료된다면 아이도 따라서 매료될 것입니다.

초등학생에게 사자소학이 왜 중요할까

사자소학이란?

『사자소학四子小學』의 내용은 대부분 중국 송나라 유학자인 주자朱子의 『소학小學』에서 가져온 것입니다. 하지만 『소학』은 어린아이들이 읽기에는 어려운 내용도 많이 담고 있습니다. 『소학』의 내용 중에서 쉬운 내용과 아이들이 꼭 알아야 할 내용을 뽑아서 사자일구四字一句로 엮은 책이 바로 『사자소학』입니다. 그렇다고 『사자소학』이 그 내용을 모두 『소학』에서 가져온 것만은 아닙니다. 『명심보감』이나 『논어』 같은 경전의 내용들도 포함하고 있습니다.

『사자소학』을 지은 저자는 따로 확실하게 알려져 있지 않습니다. 다른 경전들처럼 원본이 하나만 존재하는 것이 아니라 지역이나 가문에 따라 다양한 사본이 존재하기 때문에 특정 저자가 있을 수 없습니다. 『사자소학』은 편집자만 있을 뿐 저자는 없는 셈입니다. 다만 『소학』이 조선 시대 초기부터 성리학자들에 의해 강조되어 향교, 서원, 서당 등에서 기초 과목으로 다루어진 것을 볼 때, 『사자소학』도 그때부터 아이들에게 널리 읽힌 것은 분명합니다. 서당에서 『천자문』을 떼고 난 후에 배우는 기초 한문 교과서쯤으로 추정되고 있습니다.

『사자소학』의 교육관은 '바른 인성을 가진 인간을 육성하는 것'입니다. 이를 위해 충효를 강조합니다. 특히 효도를 가장 강조하지요. 심지어 효도를 하지 않으면 짐승과 다름없다고 말하기까지 합니다. 바른 인성의 출발은 다름 아닌 효도에 있다고 본 것입니다.

『사자소학』의 또 한 가지 중요한 교육관은 '윤리적 규범을 구체적인 생활 속에서 실천하는 것'입니다. 예를 들어 '계명이기 필관필수鷄鳴而起 必盥必漱'는 '닭이 우는 새벽에 일어나서 반드시 세수하고 양치질하라'라는 의미입니다. 초등학교 도덕 교과서에나 나올 법한 생활 규범이지요. 이처럼 아주 구체적인 생활 규범을 세세하게 제시하고 그것을 생활하면서 반드시 실천하라고 강조하는 것이 『사자소학』의 내용입니다.

사자소학의 효과

아이들에게 『사자소학』이나 『명심보감』 같은 책을 읽힌다고 하면 많은 부모님이 썩 달가워하시지 않습니다. 혹자는 조선 시대 아이들이나 읽은 구닥다리 책을 지금 아이들이 왜 읽어야 하는지 모르겠다고 하는가 하면, 유교 편향적이고 남녀 차별적인 내용을 우리 시대에 왜 읽어야 하는지 모르겠다고 반문하기도 합니다. 그런데 놀라운 사실 한 가지는 이렇게 얘기하는 사람들 중에서 이런 고전들을 제대로 읽은 사람은 없다는 것입니다. 제대로 읽어 보지도 않고 남녀를 차별하는 구닥다리 유교서라고 지레짐작하면서 관심도 주지 않는 것은 상당 부분 일제 식민사관의 영향입니다.

저는 『사자소학』이나 『명심보감』 같은 책을 읽으면서 도덕 교과서에 나오는 내용이 여기에 모두 담겨 있다는 사실에 깜짝 놀랐습니다. 또한 남녀가 유별하다는 내용은 조금 언급되지만 남녀를 차별하는 내용은 거의 찾아볼 수 없다는 사실에도 몹시 놀랐습니다. 가장 놀라운 사실은 그 내용이 대부분 오늘날에도 꼭 필요하고 그대로 적용될 수 있다는 점입니다. 왜 그럴까요? 사람은 변하지 않기 때문입니다. 조선 사람이나 지금 사람이나 본성은 변하지 않습니다. 그렇기 때문에 조선 아이들에게 요구된 것들이 지금 아이들에게도 똑같이 요구되는 것입니다.

우리는 흔히 과학기술의 발전을 인간의 발전으로 착각하곤 합니다. 그렇지 않습니다. 천 년 전 사람이나 지금 사람이나 느끼는 감정은 동일합니다. 사람에게 요구되는 것도 예나 지금이나 변하지 않았습니다. 『사자소학』이 조선 아이들에게 유용했다면 지금 아이들에게도 유용합니다. 앞으로 백 년 뒤 아이들에게도 유용하고 꼭 필요한 내용일 것입니다.

도덕 지능이 높아진다

아이가 『사자소학』을 읽으면 가장 좋은 점 중 하나가 도덕 지능MI, Moral Intelligence이 향상

된다는 사실입니다. '도덕 지능'은 미국 하버드대 아동심리학자인 로버트 콜스Robert Coles가 자기 저서 『도덕 지능The Moral Intelligence of Children』에서 언급한 용어입니다. 콜스의 주장에 따르면 아이들의 성장에 중요한 지수로 지능지수IQ, 감성지수EQ와 더불어 도덕지수MQ, Moral Quotient를 언급합니다. 앞으로 인간이 살아갈 시대에는 인공지능이나 로봇이 웬만한 일은 다 하게 되므로 인간적이고 따뜻하며 남을 배려할 줄 아는 '사람다운 사람'이 더욱 절실합니다. 사람다운 사람에게 반드시 필요한 것이 바로 '도덕 지능'입니다.

도덕 지능을 발전시키기 위해 미국 교육심리학자인 미셸 보바Michele Borba는 일곱 가지 핵심 덕목을 제시했습니다. 다른 사람의 입장에서 생각하는 공감력, 옳고 그름을 아는 분별력, 충동을 조절하여 올바르게 생각하고 행동하는 자제력, 다른 사람과 동물을 소중히 대하는 존중, 다른 사람의 행복에 관심을 두는 친절, 의견이 다른 사람을 존중하는 관용, 정정당당하게 행동하는 공정입니다. 놀라운 사실은 『사자소학』이 바로 미셸 보바의 일곱 가지 덕목으로 가득 채워진 책이라는 점입니다.

도덕지수가 높을수록 행복지수가 높게 나타난다는 연구 결과도 있습니다. 서울대 심리학과 곽금주 교수팀은 초등학생 300명을 대상으로 도덕 지능을 측정했습니다. 도덕 지능이 높은 아이들은 인생에 대한 만족도와 행복지수가 높고 희망적이며 좌절도 쉽게 극복하는 반면, 도덕 지능이 낮은 아이들은 인생관 자체가 비관적이었다고 합니다. 또한 도덕 지능이 높은 아이들은 스스로 공부 자신감을 가지고 높은 집중력으로 공부에 몰두했으며 친구들 사이에서도 인기가 있었습니다.

요즈음에는 도덕적으로 살아가면 나만 손해를 본다는 생각이 팽배한 듯합니다. 아이들조차도 이런 생각을 하기 일쑤입니다. 행복하기 위해서는 적당히 비도덕적으로 살아가야 한다고 여깁니다. 절대 그렇지 않습니다. 도덕의식을 가지고 도덕적으로 살아갈 때 도덕 지능이 발달하고 행복지수도 올라갑니다. 『사자소학』이 아이의 도덕 지능을 높이는 길라잡이가 되어 줄 것입니다.

무엇이 옳고 그른지 알게 된다

2학년 아이들에게 『사자소학』을 가르쳤습니다. 아이들과 '부모출입 매필기립父母出入 每必起立'을 공부하는데 한 남자아이가 손을 들더니 이런 질문을 하더군요.

"선생님, 부모님이 드나드실 때 왜 일어서서 인사를 해야 하나요?"

이 질문에 '일어서서' 인사하는 것이 왜 중요한지 자세히 설명해 줬지요. 제 설명을 다 듣고 나더니 이런 말을 합니다.

"저는 이제까지 부모님이 드나드실 때 일어서서 인사를 해야 한다는 것을 몰라서 그렇게 안 했어요. 앞으로는 그렇게 할게요."

다른 친구들도 그동안 잘 몰랐다고, 자신들도 앞으로는 그렇게 하겠다고 이구동성으로 얘기했습니다.

초등학생들은 무엇이 옳고 그른지를 몰라서 그른 행동을 할 때가 있습니다. 구체적인 가르침을 받지 못해서 옳은 행동을 하지 못하는 것이지요. 옳고 그름을 가르치는 것은 부모의 몫이고 그것을 실천하느냐, 실천하지 않느냐는 아이의 몫입니다. 『사자소학』은 옳고 그름을 분명하게 제시하여 자꾸만 읽다 보면 옳고 그름을 분별하는 지혜가 생깁니다.

자존감이 올라간다

자존감이란 '자기 자신을 존중하고 사랑하는 마음'입니다. 자존감이 낮은 사람들은 매사에 부정적이며, 남의 눈을 많이 의식하고, 있는 그대로의 나를 인정하지 못합니다. 그뿐만 아니라 상대방을 무시하는 경향이 있고, 자기 관리를 잘하지 못하며, 끊임없이 남과 자신을 비교하여 행복감이 매우 낮습니다. 반면에 자존감이 높은 사람들은 매사에 긍정적이고, 남을 배려하며, 타인의 시선에 휘둘리기보다 자기 평가를 중시하고 자기 모습을 있는 그대로 인정합니다.

자존감이 높을수록 인생을 행복하고 성공적으로 살아갑니다. 문제는 자존감을 어떻게 높일 것인가이지요. 자존감은 남들의 외적인 인정과 칭찬보다는 자기 내부의 성숙한 사고와 가치를 토대로 얻어집니다. 『사자소학』을 읽으면 성숙한 사고와 가치를 접하게 되고, 나도 그렇게 살고 싶다는 열망이 생깁니다.

『사자소학』의 핵심 구절 중 한 가지가 '사물四勿'입니다. 이 '사물'은 '네 가지 금하는 것'을 말하는데 바로 '비례물시非禮勿視, 비례물청非禮勿聽, 비례물언非禮勿言, 비례물동非禮勿動'입니다. '예가 아니면 보지 말고, 예가 아니면 듣지 말며, 예가 아니면 말하지 말고, 예가 아니면 움직이지 말라'라는 의미입니다. 이것은 『논어』 안연顔淵 편에 나오는 구절입니다. 공자의 제자인 안연이 '극기복례克己復禮(자기를 이기고 예로 돌아간다)' 방법을 가르쳐 달라고 했을 때 공자가 한 이야기입니다. 쉬운 듯하면서도 굉장히 심오한 구절이지요. 『사자소학』을 통해 이런 구절까지 배우면서 아이들은 높은 가치를 접하고 성숙한 사고의 발판을 다지게 됩니다. 이런 삶의 태도를 갖춘 사람의 자존감은 당연히 높아질 수밖에 없습니다.

사회성이 좋아진다

인간이 자라고 성장한다는 것은 다른 말로 사회성이 발달한다는 것입니다. 사회성은 자신이 속한 사회의 한 구성원으로 성장해 가는 과정이라 할 수 있습니다. 사회성에는 여러 요소가 있지만, 핵심 요소는 공감 능력과 배려심입니다. 공감 능력이 없는 사람은 절대로 다른 사람을 배려할 수 없고, 배려심이 없는 사람은 공감 능력이 떨어지기 때문입니다. 높은 공감 능력으로 배려하는 사람은 다른 사람들과의 관계가 원만하므로 어디를 가든 환영을 받으며 주변 사람들에게 행복 바이러스를 퍼뜨립니다.

공감 능력과 배려심의 핵심은 타인을 사랑하는 마음입니다. 다른 사람을 사랑하는 마음이 있어야 비로소 자연스럽게 타인과 공감할 수 있으며 배려도 할 수 있습니다. 하지만 공감과 배려는 어른들도 잘하지 못하는 것이 사실입니다. 어찌 보면 사람이 죽을 때까지 배워야 하는 것이 공감과 배려가 아닐까요.

『사자소학』에는 기소불욕 물시어인己所不欲 勿施於人(자신이 하고 싶지 않은 것을 남에게 베풀지 말라), 막담타단 미시기장莫談他短 靡恃己長(다른 사람의 단점을 말하지 말고, 자기 장점을 믿지 말라), 손인리기 종시자해損人利己 終是自害(남에게 손해를 끼치고 자신을 이롭게 하면 마침내 자신을 해롭게 하는 것이다) 등 공감 및 배려와 관련된 구절이 무수히 나옵니다. 『사자소학』은 아이의 공감 능력과 배려심을 키우는 좋은 훈련서가 되어 줄 것입니다.

어휘력이 확장된다

초등학생들의 공부에서 가장 중요하게 필요한 것은 '어휘력'입니다. 어휘력이 높은 아이는 공부를 잘하기 마련이고, 어휘력이 낮은 아이는 아무리 학원을 보내고 족집게 과외를 시킨들 백약이 무효입니다. 특히 초등학교 시기는 '어휘력 빅뱅 시기'라 할 만큼 어휘력을 습득하는 데 최적의 중요한 시기입니다. 초등학교 시기에는 하루에 적게는 10개, 많게는 20개 이상의 새로운 어휘를 습득해야 합니다. 초등학교에 다니면서 어휘를 제대로 습득하지 못하면 공부는 고사하고 평생 어휘력 빈곤자로 살아갈 수밖에 없습니다.

그렇다면 어떻게 아이가 어휘를 많이 습득하게 할 수 있을까요? 현실적으로 독서 외에는 뾰족한 수가 없습니다. 독서 외에 한 가지 방법을 더 들자면 한자 공부를 꼽을 수 있습니다. 우리말에서 한자어 비중은 60퍼센트 정도입니다. 아이들이 배우는 공부 어휘는 80퍼센트 이상이 한자로 이루어져 있지요. 그 때문에 대충이라도 한자를 아는 아이와 모르는 아이는 천지 차이라 할 수 있습니다. 한자를 좋든 싫든 접해 봐야 어휘를 원활하게 습득할 수 있습니다.

그런 측면에서 『사자소학』을 읽는 것은 아이에게 큰 도움이 됩니다. 『사자소학』에 나오는 한자는 일단 그 자수가 많지 않고, 너무 어려운 한자도 드뭅니다. 필수적인 기초 한자가 대부분인 데다가 쉬운 한자가 계속 반복됩니다. 그래서 특별히 외우려고 애쓰지 않아도 읽고 한 번씩 쓰다 보면 자연스럽게 한자가 습득되는 장점이 있습니다.

특히 『사자소학』의 경우에는 한자를 낱자로 익히지 않고 구절과 문맥을 통해 배울 수 있습니다. 한자를 낱자로 외우는 것은 영어를 공부할 때 단어만 외우면서 공부하는 것과 비슷합니다. 하지만 문맥에 따라 얼마든지 다른 의미로 쓰이기 때문에 영어 단어는 문맥을 통해 익혀야 제대로 공부할 수 있습니다. 한자도 마찬가지입니다. 한자를 낱자로 무조건 외우면 문맥에서 조금만 다른 의미로 쓰여도 해석의 어려움에 부딪힙니다. 게다가 처음부터 한자를 낱자가 아닌 문장이나 구절 중심으로 배우는 것이 더 재미있고 효과적인 공부법이기도 합니다.

예를 들어 아이들에게 '말 물勿' 자를 낱자로 가르치면 무슨 말인지 잘 이해하지 못합니다. "말이 물이 먹는다는 말이에요?"라고 질문하는 아이도 있습니다. 하지만 이 한자를 『사자소학』 구절을 통해 가르치면 아이들은 금세 이해합니다. '부모책지 반성물원父母責之 反省勿怨(부모님이 나를 꾸짖으시거든 반성하고 원망하지 말라)'이라는 구절을 공부하면 '말 물勿'이라는 한자는 문맥상 '~하지 말라'라는 의미인 것을 자연스레 깨닫게 됩니다. 이처럼 구절이나 문맥을 통해 한자를 익혀 가면 쉽고, 또 한 번 익히면 잘 까먹지 않습니다.

사자소학을 공부할 최적의 시기

『사자소학』을 공부하기 가장 좋은 최적의 시기는 초등학교 때입니다. 물론 좀 더 어리게는 유치원 때나 좀 더 나이 들어서는 중고등학교 때도 읽을 수 있겠지만, 적효성 면에서 초등학교 시기가 단연 최고라고 생각합니다.

『사자소학』은 조선 시대 서당에서 『천자문』과 같이 처음 배우는 책이었습니다. 서당에 일고여덟 살을 전후한 아이들이 입학한 것을 보면, 지금으로 치면 초등학교 저학년 아이들이 주로 읽었지요. 한자를 많이 몰라도 되는 데다가 사자일구四字一句 형식으로 운율이 있어서 강독하기에 좋았습니다. 그뿐만 아니라 실생활과 관련된 내용이 다수이기 때문에 아이들의 생활 교본으로는 최고였을 것입니다. 그러니 『사자소학』만큼 초등학생이 읽기에 참 좋은 고전이 어디에 있을까요.

뇌과학적인 측면에서도 초등학교 때가 『사자소학』을 읽기에 가장 알맞습니다. 우리 뇌 중에서 전두엽은 종합적인 사고력과 인간성을 담당하는 부위입니다. 도덕적인 생각이나 판단으로 사람다운 행동을 할 수 있는 기능은 모두 전두엽 덕분입니다. 그런데 전두엽은 3세 무렵부터 6~7세까지 집중적으로 발달합니다. 전두엽이 어느 정도 발달한 10세 미만의 아이들에게 올바른 도덕성을 가르쳐 도덕성의 바탕을 튼튼하게 다져 주는 것은 뇌과학적인 측면에서 너무 중요합니다. 그때 도덕성의 토대가 제대로 형성되지 않으면 성인이 되어서 반사회적인 행동을 하거나 다른 사람을 전혀 배려할 줄 모르게 됩니다.

초등학교에서 이십 년 이상 가르치면서 아이들이 의외로 바른 행동, 예의에 벗어나지 않는 행동에 대해 잘 모르는 경우가 많다는 것을 깨달았습니다. 예전에는 가정에서 다 배웠어야 하는 내용이지만, 사회가 급변하고 부모님들이나 아이들이나 너무 바빠지면서 마땅히 배워야 할 것들을 배우지 못하는 경우가 많습니다. 그래도 인간이라면 마땅히 알고 익혀야 할 것들은 어딘가에서는 배워야 합니다. 『사자소학』이 좋은 학습 도구가 될 수 있습니다. 열 살이면 세상을 알 만한 나이입니다. 마냥 어린이 티를 벗고 이제 좀 더 성숙한 인간으로 탈바꿈할 준비를 해야 하는 시기입니다.

사자소학을 공부하면 아이가 달라진다

제가 가르치는 학교에서는 전교생 고전 읽기를 하고 있습니다. 총 100권의 고전을 각 학년별로 17권 정도씩 읽어 가는 프로그램입니다. 『사자소학』도 100권 중 한 권인데 2학년들의 필독서입니다. 이 책에 나오는 구절들을 선생님과 같이 읽어 가면서 그 뜻을 깨우치고, 암송할 구절로 30개 정도를 정해서 필사하면서 외우기도 합니다. 이런 과정에서 아이들은 많은 변화를 보입니다.

2학년 학부모 면담을 하는데 어느 남자아이의 엄마가 흥분된 목소리로 "선생님, 우리 아이가 『사자소학』을 읽은 후에 달라졌어요"라고 말씀하시면서 이런 에피소드를 들려주셨습니다.

하루는 형제에게 밥을 차려 줬는데 동생이 고기반찬이 없다고 반찬 투정을 하더랍니다. 평소 같으면 분명 2학년인 형도 합세해서 밥을 안 먹겠다고 난리를 쳤을 텐데 그날은 형의 태도가 사뭇 달랐답니다. 반찬 투정을 하는 동생을 향해 형이 자못 위엄을 갖춘 목소리로 이렇게 꾸짖었다나요.

"음식수악 여지필식飮食雖惡 與之必食이라고 했어. 빨리 감사하게 먹어라."

형의 말에 동생도 군소리 없이 밥을 먹었다고 합니다.

이런 형제의 모습을 지켜보는데 엄마는 눈물이 나더라는 것입니다. 그러면서 엄마가 한마디 덧붙였습니다.

"『사자소학』을 일 년 내내 계속 배우면 좋겠어요."

사실 『사자소학』은 아이들보다 부모님들이 더 좋아하는 책입니다. 아이의 행동이 구체적으로 달라지는 것을 실제로 목격하기 때문입니다. 예전에는 아무리 불러도 대답조차 안 하던 아이가 갑자기 큰 소리로 대답하고 달려오는 모습에 감격스러웠다는 부모님도 계셨습니다. 그런가 하면 퇴근하고 현관문을 여는데 텔레비전을 보던 아이가 쪼르르 달려 나와 인사를 하더랍니다. 평소에는 제대로 쳐다도 봐 주지 않던 아이가 갑자기 달라진 것이 신기해서 왜 그러냐고 물었겠지요. 아이가 "부모출입 매필기립父母出入 每必起立을 실천하는 중입니다!"라고 말했답니다. 그 부모님은 아이의 대답에 너무나 감동했다고요.

"마땅히 행할 길을 가르쳐라. 그리하면 늙어도 그 길을 떠나지 않을 것이다." 이것은 『구약성경』 중 「잠언」에 나오는 문장입니다. 이 구절대로 마땅히 행할 길을 가르치면 평생 그 길을 떠나지 않는 법입니다. 하지만 마땅히 행할 길을 가르치지 않으면 어떻게 되겠습니까? 어디로 가야 하는지 몰라서 방황할 뿐입니다. 이처럼 마땅히 행할 길을 가르치기에 아주 좋은 책이 『사자소학』입니다.

사자소학, 어떻게 접근해야 할까?

사자소학 2개월 완성 프로젝트

『인성 쑥쑥, 한자 쑥쑥 초등 사자소학』은 『사자소학』에 나오는 전체 구절 중에서 총 50개 구절을 엄선하여 구성했습니다. 적다고 여겨질지 모르지만 초등학생, 특히 저학년에게는 결코 적은 분량이 아닙니다. 하루에 한 구절씩 익힌다면 꼬박 두 달이 걸리니까요. 다음과 같은 몇 가지를 유의하면서 이 책을 활용하세요.

사자소학에 대한 기대감을 키워라

아이가 이 책을 기대하면서 읽기 시작할 수 있도록 하면 절반은 성공입니다. 책에 대한 관심이나 기대감을 아이에게 심어 주려면 그 책의 가치를 설명해 주는 것이 좋습니다. 『사자소학』이 얼마나 대단한 책인지, 『사자소학』을 읽으면 구체적으로 어떤 점이 좋은지 아이에게 소개하는 것입니다. 결정적으로 훌륭한 사람이 되는 길을 가르쳐 주는 책이라는 점을 강조하면 좋습니다. 자기가 공부하려는 책이 대단한 책이라는 것을 아이가 깨달으면 이 책을 대하는 태도 자체가 달라집니다. 사자소학에 대해서는 제가 이미 부모님에게 충분히 말씀드렸으니 참고해 주세요.

하루에 한 구절씩만!

『사자소학』에는 욕심을 부리면 안 됩니다. 욕심을 부릴 필요도 없는 책입니다. 이야기책을 샀는데 재미가 있다면 밤을 새워서라도 읽습니다. 이야기책이라면 그렇게 읽는 것에 어떤 의미가 있을지도 모르겠습니다. 하지만『사자소학』은 그런 책이 아닙니다.『사자소학』은 구절을 하나씩 읽으면서 그 뜻을 새기고 일상의 현장에서 실천하여 삶의 습관을 바꾸고자 하는 책입니다. 이런 책을 단 며칠 만에 다 읽고 썼다 한들 무슨 소용이 있겠습니까? 하루에 한 구절이면 충분합니다. 아마도 한 구절을 읽고, 쓰고, 실천하는 데 걸리는 시간으로 30분 정도면 되겠지요. 아이의 하루 일정에서 30분만 빼서『사자소학』 읽는 시간을 마련해 주세요.

사자소학 구절로 절대 아이를 비난하지 않는다

『사자소학』에 나오는 구절들을 써 가면서 아이를 비난하지 마세요. 아이를 훈계하는 용도로 『사자소학』을 사용하면 곤란합니다. 예를 들어 "『사자소학』에서 '부모책지 물노물답'이라고 했는데 너는 엄마가 좀 혼낸다고 화내면서 말대답하니?"라고 아이를 혼낸다면 아이는 어떻게 할까요? 이렇게 반격할지도 모릅니다. "엄마는 '비례물언 비례물동'이라는 말도 못 들어봤어요? 예가 아니면 말하지 말라고 했는데 엄마가 저를 혼내는 것은 예인가요?" 이런 아이의 말에 엄마는 더 이상 할 말이 없어질지 모릅니다. 부모님이 아이를 비난하시면 아이도 부모님을 비난합니다. 아이 스스로 깨닫는 바가 있으면 부모님이 혼내시지 않아도 알아서 변해 가기 마련입니다.

사자소학을 끝내면 아이가 받을 적절한 보상을 제시한다

두 달에 걸쳐 이 책을 마치기까지 아이에게 적절한 보상을 제시해 주는 편이 좋습니다. 그래야 중간에 포기하지 않고 끝까지 책장을 넘길 수 있는 힘이 생깁니다. 사실 초등학생에게 두 달은 너무 긴 시간입니다. 일주일에 한 번씩 소소한 보상을 해 주고 마지막에는 좀 더 큰 보상을 해 주는 것이 좋습니다.

의미도 재미도 놓치지 않는 사자소학 공부법

『사자소학』을 공부하는 방법은 참으로 다양할 것입니다. 그중에서 제가 학교 현장에서 아이들을 지도하면서 효과적이었던 방법을 몇 가지 소개합니다. 이를 참고하셔서 아이에게 잘 맞는『사자소학』 공부법을 찾아보시길 바랍니다.

필사하라

필사筆寫는 말 그대로 베껴 쓰기를 말합니다. "또렷한 기억보다 흐릿한 메모가 낫다"라고들 합니다. 쓰기의 중요성을 강조한 말입니다. 열 번이고 백 번이고 읽는 것보다 한 번 써 보는 것이 훨씬 나은 방법일 수 있습니다.

제가 가르치는 학교에서는『사자소학』을 2학년 필사 도서로 지정했습니다. 아이들이 몇 개월 또는 일 년에 걸쳐『사자소학』을 필사해 가는 것입니다. 필사는 책을 가장 깊이 읽는 방법입니다. 또 따라 쓰다 보면 필력이 좋아져 글씨를 잘 쓰게 됩니다. 그뿐만 아니라 필사를 하는 동안에는 걱정이나 잡념이 사라지고 마음이 차분해지며 우울이 가라앉아 행복감이 올라가기도 합니다.

이 책에도 매 구절마다 한자 구절과 그 뜻을 한 번씩 필사할 수 있도록 배치해 놓았습니다. 한자는 한 번 써 보면 다음에 같은 한자를 봤을 때 낯설게 느껴지지 않습니다. 구절의 뜻을 필사하면 그 뜻이 더욱 명확해지고 가슴에 새겨집니다.

아이가 필사하기를 좋아한다면 시중에 판매하는 네모 칸 공책을 마련해서 사자소학의 구절과 뜻을 하루에 한두 구절씩 적어 가면 좋습니다. 필사 속도는 중요하지 않습니다. 오히려 필사는 가장 느린 독서법이라 할 수 있습니다.『사자소학』을 필사하기로 결심했다면 천천히 여유롭게 따라 쓰는 것이 제대로 된 방법입니다.

암송하라

아이들은 외우는 것을 좋아합니다. 아이들에게는 암기가 놀이이자 유희이기도 합니다. 아이들의 암기력은 상상을 초월합니다. 아이들이 좋아하는 노래 중에 <역사는 흐른다>가 있습니다. 우리나라를 빛낸 위인들의 업적을 압축해서 가사로 만든 노래입니다. 이 노래에 등장하는 위인만 100명에 가깝고 무려 5절까지 있습니다. 어른들에게 이 노래를 외우라고 시키면 다 고개를 절레절레 흔들겠지요? 하지만 아이들은 이 노래가 나오면 너나 할 것 없이 목청을 돋우며 부르곤 합니다. 이럴 때면 아이들의 경이로운 암기력에 또 한 번 놀라곤 합니다.

어른들에게는 암기가 고역이지만, 아이들에게는 자신이 가장 잘할 수 있는 장기이자 왕성한 학습으로 이어지는 무기입니다. 어릴 때 암기하면 금방 잊는 것도 많지만, 어떤 것은 장기 기억으로 전환되어 평생 기억되기도 합니다. 초등학교 때 외운 사자소학 몇 구절이 아이에게 평생의 나침반 같은 역할을 할 수 있습니다.

『사자소학』을 외우게 하는 방법은 간단합니다. 이 책에 나오는 50구절을 매일 하루에 한 번씩만 소리 내어 읽게 하는 것입니다. 암기력이 좋은 아이는 한 달도 되지 않아 50구절을 외울 것입니다. 이렇게 외워진 구절은 자신도 모르게 어느 순간 생각나서 곱씹게 되어 있습니다. 그러면서 아이는 훌륭한 사람으로 자라나는 것입니다.

일상생활과 연관시켜라

『사자소학』의 구절을 읽고 그 뜻을 읊는다고 해서 아이가 『사자소학』을 안다고 속단하기는 이릅니다. 아이가 진짜 이해한다면 일상생활을 하면서 『사자소학』 구절들을 떠올려 적절하게 적용할 줄 알아야 합니다.

'부모호아 유이추진父母呼我 唯而趨進'을 예로 들어 보죠. 이 말은 '부모님이 나를 부르거든 대답하고 얼른 달려가야 한다'라는 뜻입니다. 아이가 이 구절을 읽을 줄 알고 뜻도 안다고 하면 끝일까요? 그렇지 않습니다. 이 구절을 알지 못할 때는 모르지만, 이 구절을 알고 난 이후에는 이전과 달라져야 합니다. 부모님이 부르는데도 대답을 안 하거나 빨리 달려가지 않으면 이상하고 잘못된 행동이라는 것이 느껴져야 합니다. 『사자소학』 구절이 아이의 행동을 제어하기 시작하는 것입니다. 그래야만 『사자소학』을 읽은 보람이 있고 아이의 경쟁력이 되는 것입니다.

그러려면 생활 속에서 『사자소학』 구절들의 의미를 아이에게 깨우쳐 줘야 합니다. 아이를 불렀는데 아이가 "예, 엄마 부르셨어요?" 하면서 달려온다면 "와~ '부모호아 유이추진'을 제대로 실천하는걸!"이라고 칭찬하는 것입니다. 아이는 분명 이 구절을 잊지 않고 가슴 깊이 새길 것입니다.

이 책에는 매 구절이 시작될 때마다 그 구절과 관련하여 아이들에게 흥미와 재미를 선사하기 위한 만화를 실어 놓았습니다. 하지만 이 만화의 목적이 단순히 그뿐만인 것은 아닙니다. 각 구절이 일상생활 속에서 어떻게 쓰이는지 정확히 이해시키기 위한 목적도 숨어 있습니다. 아이들은 흥미와 재미로 만화를 보겠지만, 만화를 보면서 구절들의 뜻을 더욱 명확히 알고서 깊이 이해할 수 있게 되는 것입니다.

배운 대로 실천하라

『사자소학』을 배우는 이유는 그 가르침을 알고 익혀 실천하는 사람이 되기 위함입니다. 만약 배워 알게 된 내용을 실천하지 않는다면 헛배운 것입니다.

앞에서 『사자소학』을 읽은 아이들이 어떻게 변화했는지 얘기했습니다. 그렇게 달라질 수 있었던 것은 계속 '실천'을 강조했기 때문입니다. 예를 들어 '부모출입 매필기립父母出入 每必起立'을 함께 읽은 날에는 아이들에게 '오늘 부모님이 퇴근하여 집에 들어오실 때 실천하고 일기 쓰기' 같은 숙제를 냅니다. 그러면 아이들은 숙제이기 때문에 어쩔 수 없이 그 구절을 실천할 수밖에 없습니다. 다소 의무적일지라도 이런 일이 반복되면 아이들의 행동이 조금씩 변합니다.

또한 '실천하기'를 강조하면서 칭찬해 주시는 역할에도 힘써 주세요. 아이가 『사자소학』 구절을 실천하는 순간 크게 칭찬하시는 것입니다. 그러면 아이는 긍정적으로 강화되어 칭찬받은 행동을 계속하려고 노력하게 됩니다.

사자소학을 읽은 후에는 무엇을 할까

모든 책을 읽을 때는 독후 활동이 중요합니다. 독후 활동을 어떻게 하느냐에 따라 그 책이 달라지기 때문입니다. 『사자소학』을 읽고 나서 아이와 함께할 만한 활동을 몇 가지 추천합니다.

베스트 명구절 뽑기

『사자소학』에는 주옥같은 구절이 정말 많습니다. 『사자소학』을 다 읽고 나서 베스트 명구절을 뽑는 활동을 하면 좋습니다. 가장 기억에 남는 구절, 가장 실천하기 어려웠던 구절, 가장 실천하기 쉬웠던 구절, 가장 멋지다고 생각한 구절, 가장 시대에 뒤떨어진다고 생각한 구절 등을 함께 꼽아 보고 그 이유도 들어 봅니다. 가장 기억에 남는 구절이나 멋진 구절은 종이 등에 적어서 책상 앞이나 아이의 눈길이 자주 가는 곳에 붙여 놓아도 좋습니다. 그러면 『사자소학』을 다 읽은 후에도 아이가 그 구절을 되새기면서 평생 기억할 수 있습니다.

동영상 활용

우리 시대에 가장 인기 있는 선생님은 '유튜브 선생님'입니다. 유튜브에 '사자소학'이나 '사자소학 구절'을 검색하면 관련 영상이 많이 나옵니다. 대부분『사자소학』구절을 읽고 그 내용을 풀이해 주는 영상입니다. 이런 영상들 중에 아이가 흥미로워하는 영상을 활용하면『사자소학』을 다 읽은 후에도 다시 환기할 수 있습니다.

사자소학 관련 대회 참가

전국 17개 시도교육청과 성균관대가 함께하는 '전국사자소학암송전'에 참가하는 것도 색다른 경험이 될 것입니다. 이 대회는 저학년부와 고학년부로 나누어『사자소학』50구절을 암송하고 질의에 답변하는 방식으로 진행합니다. 예선 대회를 거쳐 시도 대표로 선발되면 연말 왕중왕전에도 출전할 수 있습니다. 이와 비슷한 대회로 '전국어린이고전암송대회'도 있습니다. 이 대회는 자신이 원하는 고전을 기준 시간만큼 암송해서 출전하면 되는데『사자소학』을 많이 선호합니다.

이외의 추천 도서

이 책을 다 읽고 난 후에 유사 도서로『사자소학』을 더 공부하는 것도 좋은 독후 활동 중 한 가지입니다.

도서명	지은이	출판사	추천 이유
어린이 사자소학	엄기원	한국독서지도회	구절의 보충 설명이 잘되어 있고 적절한 읽기 자료들이 풍성하게 제시되어 있습니다.
읽으면서 바로 써먹는 어린이 사자소학	이수인	파란정원	귀여운 캐릭터가 등장하는 만화 형식으로 구절의 내용을 풀이하여 흥미롭게 읽을 수 있습니다.
어린이를 위한 사자소학 쓰기 노트	시사정보 연구원	시사패스	사자소학 쓰기를 통해 구절의 한자와 그 뜻을 공부하는 교재입니다.

특별부록 2

오늘의 퀴즈 정답지

1장 부모 편	정답
01 부생아신 모국오신	1 아버지, 어머니 2 나 아(我), 나 오(吾) 3 몸 신(身)
02 위인자자 갈불위효	1 자식, 효도 2 사람 인(人) 3 할 위(爲)
03 부모호아 유이추진	1 대답하고, 달려가야 2 부를 호(呼) 3 부모(父母)
04 부모책지 물노물답	1 꾸짖으시더라도, 말대답 2 꾸짖을 책(責) 3 말 물(勿)
05 부모출입 매필기립	1 드나드실, 일어서서 2 출입(出入) 3 기립(起立)
06 구물잡담 수물잡희	1 잡담, 장난 2 손 수(手) 3 말 물(勿)
07 출필고지 반필면지	1 아뢰고, 뵈어라 2 날 출(出) 3 반드시 필(必)
08 의복수악 여지필착	1 의복, 입어라 2 옷 의(衣), 옷 복(服) 3 악할 악(惡)
09 음식수악 여지필식	1 음식, 먹어라 2 마실 음(飮) 3 밥 식(食)
10 부모애지 희이물망	1 사랑, 잊지 2 사랑 애(愛) 3 잊을 망(忘)
11 부모책지 반성물원	1. 꾸짖으시거든, 반성 2. 꾸짖을 책(責) 3. 반성(反省)
12 물여인투 부모불안	1 싸우지, 불안 2 싸울 투(鬪) 3 불안(不安)
13 일기부모 기죄여산	1 속이면, 산 2 속일 기(欺) 3 허물 죄(罪)
14 아신불현 욕급부모	1 어질지, 부모님 2 욕되게 할 욕(辱) 3 어질 현(賢)

2장 형제 편	정답
15 형체수이 소수일혈	1 생김새, 핏줄 2 다를 이(異) 3 형체(形體)
16 일립지식 필분이식	1 밥알, 나누어 2 밥 식(食) 3 나눌 분(分)
17 형수책아 막감항노	1 형, 대들거나 2 맏 형(兄) 3 꾸짖을 책(責)
18 제수유과 수물성책	1 동생, 큰소리 2 모름지기 수(須) 3 아우 제(弟)
19 형제유선 필예우외	1 착한 일, 드러내어 2 형제(兄弟) 3 착할 선(善)
20 형제유난 민이사구	1 어려운 일, 구원 2 번민할 민(悶) 3 건질 구(救)
21 형제화목 부모희지	1 화목, 기뻐하신다 2 화목(和睦) 3 부모(父母), 형제(兄弟)

3장 붕우 편	정답
22 인지재세 불가무우	1 사람, 친구 2 벗 우(友) 3 불가(不可)
23 우기정인 아역자정	1 바른, 바르게 2 바를 정(正) 3 또 역(亦)
24 종유사인 아역자사	1 간사한, 간사해진다 2 간사할 사(邪) 3 놀 유(遊)
25 택이교지 유소보익	1 가려서, 도움 2 사귈 교(交) 3 보익(補益)
26 불택이교 반유해의	1 가리지, 해 2 되돌릴 반(反) 3 해칠 해(害)
27 붕우유과 충고선도	1 잘못, 충고 2 붕우(朋友) 3 선도(善導)
28 견선종지 지과필개	1 따르고, 고쳐라 2 볼 견(見) 3 고칠 개(改)

4장 사제·경장 편	정답
29 사사여친 필공필경	1 스승, 공손하고 2 스승 사(師) 3 반드시 필(必)
30 선생시교 제자시칙	1 가르침, 본받아라 2 선생(先生) 3 제자(弟子)
31 숙흥야매 물라독서	1 일어나고, 책 읽기 2 독서(讀書) 3 밤 야(夜)
32 근면공부 부모열지	1 공부, 기뻐하신다 2 근면(勤勉) 3 공부(工夫)
33 서책랑자 매필정돈	1 서책, 정돈하라 2 서책(書冊) 3 정돈(整頓)
34 장자자유 유자경장	1 사랑, 공경 2 장자(長者) 3 유자(幼子)
35 장자지전 진퇴필공	1 물러날 때, 공손히 2 진퇴(進退) 3 앞 전(前)

5장 수신·제가 편	정답
36 의사필문 분사필난	1 물을 것, 어려움 2 물을 문(問) 3 성낼 분(忿)
37 행필정직 언즉신실	1 정직, 말 2 정직(正直) 3 언행(言行)
38 용모단정 의관정제	1 용모, 의관 2 용모(容貌) 3 의관(衣冠)
39 계명이기 필관필수	1 새벽, 양치질 2 일어날 기(起) 3 닭 계(鷄)
40 언어필신 거처필공	1 말, 거처 2 언어(言語) 3 삼갈 신(愼)
41 비례물시 비례물청	1 보지도, 듣지도 2 예절 예(禮) 3 아닐 비(非), 말 물(勿)
42 비례물언 비례물동	1 말하지도, 움직이지도 2 움직일 동(動) 3 말씀 언(言)

5장 수신·제가 편	정답
43 작사모시 출언고행	1 시작, 행실 2 지을 작(作) 3 처음 시(始)
44 음식신절 언어공손	1 음식, 언어 2 음식(飮食) 3 마디 절(節)
45 막담타단 미시기장	1 단점, 장점 2 짧을 단(短) 3 다를 타(他)
46 기소불욕 물시어인	1 자신, 남 2 자기 기(己) 3 하고자 할 욕(欲)
47 적선지가 필유여경	1 선행, 경사 2 적선(積善) 3 경사 경(慶)
48 손인리기 종시자해	1 손해, 해롭게 2 이기(利己) 3 끝날 종(終)
49 독서근검 기가지본	1 검소한, 집안 2 검소할 검(儉) 3 집 가(家)
50 수신제가 치국지본	1 집안, 나라 2 수신(修身) 3 치국(治國)

인성 쑥쑥 한자 쑥쑥
초등 사자소학

초판 1쇄 발행 2021년 5월 13일 **초판 16쇄 발행** 2025년 3월 18일

지은이 송재환
그린이 인호빵
펴낸이 최순영

출판1 본부장 한수미
라이프 팀장 곽지희

펴낸곳 ㈜위즈덤하우스 **출판등록** 2000년 5월 23일 제13-1071호
주소 서울특별시 마포구 양화로 19 합정오피스빌딩 17층
전화 02) 2179-5600 **홈페이지** www.wisdomhouse.co.kr

ISBN 979-11-91583-52-6 63700